beck**I**sche
reihe

bsr

Was wir über die Germanen wissen, wissen wir ganz überwiegend aus Texten der Griechen und Römer. Aber die Germanen hatten auch eigene Schriftzeichen, sogenannte Runen – taugten die denn nicht, um die Geschichten der Germanen festzuhalten? Was war das für ein seltsames Volk, vor dem es die Römer so grauste, daß sie glaubten, eine Grenzanlage durch Germanien legen zu müssen – den Limes –, um die dahinter lebenden Völker besser zu kontrollieren? Hatte das etwas mit der Niederlage ihres Feldherrn Varus gegen die Germanen im Teutoburger Wald zu tun? Wie sahen diese Germanen überhaupt aus? Waren es allesamt Langbärte – Langobarden? Und wovon ernährten sich diese furchterregenden Krieger? Hatten Sie eine gemeinsame Kultur? Was für Götter beteten sie an? Tranken sie dauernd Met, um in kriegslüsterne Stimmung zu kommen? Wie kam es, daß schließlich mit Odoaker ausgerechnet ein Germane den letzten weströmischen Kaiser absetzte? Und wieso wurde dieser Odoaker von dem Ostgotenkönig Theoderich – wiederum ein Germane – umgebracht, der später als Dietrich von Bern in die deutschen Heldensagen einging?

Herwig Wolfram bietet anhand von 101 klug ausgewählten Fragen und interessanten, oft überraschenden Antworten eine ungewöhnliche Einführung in Geschichte und Kultur eines faszinierenden Volkes. Er lehrte bis zu seiner Emeritierung als Professor für Mittelalterliche Geschichte und Historische Hilfswissenschaften an der Universität Wien; er ist Mitglied der Österreichischen Akademie der Wissenschaften. Im Verlag C. H. Beck sind von demselben Autor lieferbar: *Die Germanen* ([8]2005); *Die Goten und ihre Geschichte* ([2]2005); *Gotische Studien* (2005); *Die Goten* ([4]2001).

Herwig Wolfram

Die 101 wichtigsten Fragen

Germanen

Verlag C. H. Beck

Mit 41 Abbildungen im Text

Originalausgabe

Druck und Bindung: Druckerei C. H. Beck, Nördlingen
Satz: Fotosatz Amann, Aichstetten
Umschlagentwurf: malsyteufel, willich
Umschlagmotiv: Hornhäuser Reiter, © bpk
Printed in Germany
ISBN 978 3 406 57366 8

www.beck.de

Inhaltsverzeichnis

Der Alltag

Lebenswelten

Verfassung und Gesellschaft

Germanisches Heidentum

Germanen und das Christentum

Rom und die Germanen

Königsgeschlechter

Germanische Völker

Neun Männer und eine Frau

Schlachten und Schlachtenschilderungen

Vorwort

Jede Suchmaschine wirft millionenfach Daten über Veröffentlichungen aus, die das Thema «Germanen» behandeln. Mit wachsendem Unbehagen stellt der Verfasser fest, wie oft sein Name in den Literaturlisten vorkommt. Es wird daher für ihn Zeit, das Thema zu wechseln. Zum Abschied soll aber noch ein letzter Versuch unternommen werden, und zwar mit einem Büchlein, das sich an ein allgemein interessiertes Publikum und nicht an die Fachkollegen wendet. Es sollte jedenfalls keines «der gewissen Bücher» werden, die «geschrieben zu sein scheinen, nicht damit man daraus lerne, sondern damit man wisse, daß ihr Verfasser etwas gewußt hat» (Goethe, Maxime und Reflexionen, Nr. 460). Zeitlich beginne ich mit den Kimbern und Teutonen (Frage 68), deren Auftreten am Ende des 2. vorchristlichen Jahrhunderts eine historische Germanengeschichte eröffnet, und ende im wesentlichen mit dem Frankenkönig Dagobert I. (Frage 91), der wenig vor der Mitte des 7. Jahrhunderts als letzter Merowinger die rechtsrheinische *Germania* zu ordnen suchte. Dabei mußte der König erkennen, daß dieser altbekannte Großraum neben germanischen nun auch in großer Zahl slawische Völker umfaßte. Die zeitgenössische Wahrnehmung der neuen Situation kommt zwar völlig ohne den Germanennamen aus, stellt aber hinsichtlich der germanisch-slawischen Begegnung eine Zäsur dar, die auch das Ende einer historischen Germanengeschichte markieren könnte. Das soll freilich nicht heißen, daß Wissenschaften, die nach anderen als historischen Kriterien vorgehen, nicht einen anderen Zeitrahmen festlegen wollen. So beginnt für einen Linguisten die Geschichte der germanischen Sprachen lange vor den Kimbern und Teutonen und hat bis heute nicht geendet. Die historischen Quellen lassen eine derartige Ausweitung nicht zu; sie sind wesentlich bescheidener, und nur ihnen allein weiß der Verfasser zu folgen. In vielem dankbar gefolgt ist er aber auch Herrn Stefan von der Lahr; ohne ihn wäre dieses Büchlein niemals geschrieben worden.

Salzburg, im Frühjahr 2008   *Herwig Wolfram*

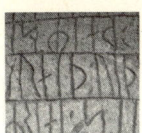

Themen und Begriffe

1. Wußten die Germanen, daß sie Germanen waren? Sie wußten es nur, wenn sie lateinisch dachten und sprachen oder wenn ein Römer wie Tacitus (Frage 15) ihnen den Germanennamen in den Mund legte. Selbst aber bezeichnete sich kein Germane als Germane. Oder mit anderen Worten: Wir sprechen heute von germanischen Völkern, die dies in ihren eigenen Augen niemals waren. Daher müßte die Frage richtig lauten: Welche Völker erhielten von wem den Germanennamen – und was bedeutet er (Frage 2)?

2. Wer bezeichnete die Germanen als Germanen, und was bedeutet ihr Name? Der Germanenname wird nicht bloß aus dem Germanischen, sondern etwa auch aus dem Hebräischen, Ligurischen, aus dem Latein, dem Keltischen, Venetischen, Illyrischen und aus dem Alteuropäischen erklärt. Der griechische Geograph Strabo war um Christi Geburt der Meinung, die Römer hätten mit *Germani* die «echten» Galater (Kelten) rechts von den «römischen» Kelten (Galliern) links des Rheins unterschieden, weil auf lateinisch *germanus* soviel wie «echt» bedeute. Neuerdings wird, obwohl nicht ohne Widerspruch, die Worterklärung aus dem Germanischen als die «am wenigsten angreifbare» Deutung abgeleitet. Völker, die von rechts des Rheins kamen und sich in Gallien links des Stroms niederließen, hätten sich selbst als Germanen, als «die Erwünschten» oder «die das Erwünschte haben/bringen», bezeichnet. Caesar kannte sie bereits als *Germani cisrhenani*, «Germanen von diesseits (links) des Rheins». Es war diese «rühmende» Selbstbezeichnung, die von den Römern nach gallischem Vorbild als Fremdbezeichnung auch auf die Völker rechts des Rheins übertragen wurde. Sollte es diese «rühmende» Selbstbezeichnung, deren Sinn westlich des Rheins verlorenging und die östlich des Stroms nie zu seiner solchen wurde, je gegeben haben, sollte man sie besser nicht mit der geschichtlichen Wirklichkeit vergleichen.

3. Was verstehen die modernen Wissenschaften unter Germanen? Wenig hilfreich ist die «moderne» Archäologie, geht es um die Beantwortung der Frage, wann Germanen wo lebten. Längst aufgegeben ist nämlich die einstige Überzeugung, wonach genau begrenzte archäologische Kulturprovinzen «unbedingt» bestimmten Völkern entsprechen müßten. Denkt man aber die Ablehnung der Gleichsetzung von archäologischer Kultur und historischem Volk konsequent zu Ende, ist auch die einst viel beschworene interdisziplinäre Zusammenarbeit zwischen Archäologen und Historikern zu Ende. Wesentlich optimistischer ist dagegen die Sprachwissenschaft geblieben. Für sie sind die Germanen alle Völker, die in Vergangenheit wie Gegenwart eine germanische Sprache sprechen. Formal ein Zirkelschluß, der jedoch inhaltlich den Vorteil hat, daß sich damit auch heute noch das Deutsche, Niederländische, Letzeburgische, Afrikaans, Friesische, Jiddische, die skandinavischen Sprachen und das Englische in einer Sprachgruppe zusammenfassen lassen. Nach Auskunft der Sprachwissenschaftler ist das Germanische von der Rhein- bis zur Weichselmündung, in Dänemark, Südschweden und Südnorwegen, also «in einem geographisch sehr begrenzten Areal» (Harald Haarmann), seit der Mitte des 1. vorchristlichen Jahrtausends vorhanden. Und zwar mit der Tendenz zur Ausbreitung vornehmlich nach Süden und auf Kosten vornehmlich keltischer Völker. Und die Historiker? Am liebsten würden viele von ihnen den Germanenbegriff vermeiden, weil ihn die historischen Quellen kaum entsprechend verwenden. Muß dieses Büchlein daher hier sein Ende finden? Sicher nicht. Wir sagen auch, die Sonne geht auf und sie geht unter, obwohl wir seit einiger Zeit wissen, daß dies die Erde tut. Der Germanenbegriff ist fast ebenso gebräuchlich; man kann sich damit auf allen Ebenen der Diskussion verständigen, solange man sich seiner Problematik bewußt bleibt. Dazu gehört die Einsicht, daß die Sprache in den historischen Quellen nicht immer die vielfach angenommene Bedeutung als identitätsstiftendes Merkmal besitzt (Frage 66). So waren die Kimbern und Teutonen (Frage 68) für die Zeitgenossen Kelten, während die *Germani cisrhenani* Caesars kaum noch, wenn überhaupt jemals germanisch sprachen. Trotzdem waren sie alle auf ihre germanische Herkunft stolz. Viele Nicht-Sueben trugen den Suebenknoten (Frage 27), weil diese Haartracht ein besonderes Statussymbol war. Zehn verschiedene Völker bildeten das Heer Theoderichs des Großen (Frage 88) und waren insofern Goten (Frage 70), als sie alle an der *libertas Gothorum*, der rechtlich und sozioökonomisch gesicherten Freiheit der Goten teilhatten. Bleibt der Schluß: Sprachwissenschaftler, Archäologen und Historiker sollten, werden aber nicht immer dasselbe meinen, wenn sie von Germanen sprechen. Dieses Buch schrieb ein Historiker, und für ihn beginnt eine Geschichte der Germanen nicht vor den Kimbern und Teutonen.

4. Sprachen die Germanen dieselbe Sprache? In den ersten nachchristlichen Jahrhunderten dürften die verschiedenen germanischen Völker einander noch verstanden haben. Der Cheruskerfürst Inguomer, der Onkel des Arminius (Frage 81), hätte sich demnach mit Marbod (Frage 84) ohne Dolmetscher unterhalten können, als er mit seinen Leuten zum Markomannenkönig überging. Aber auch noch 500 Jahre später dürfte Theoderich der Große (Frage 88) seinen Schwager Chlodwig (Frage 90) ähnlich gut verstanden haben, wie dies heute einem Schweizer und einem Hamburger, wenn sie sich anstrengen, möglich ist.

5. Was bewirkte die Germanische (Erste) Lautverschiebung? Während der Germanischen (Ersten) Lautverschiebung (Grimm's Law) erfolgte die grundlegende Verschiebung des Konsonantensystems derjenigen Sprache, die dem Germanischen vorausging. Dadurch unterscheidet sich das Germanische von anderen indoeuropäischen Sprachen wie dem Griechischen, Lateinischen, Sanskrit, Slawischen und Keltischen. Zum Beispiel tritt an die Stelle von «p» wie in lat. «pater» «f» wie in engl. «father», oder es wird aus «k» wie in lat. «kentum (centum)» «h» wie in dt. «hundert». Fragt der Historiker, wann sich dieser Prozeß vollzog, erhält er von den Linguisten, die nur auf geringes Namenmaterial angewiesen sind, sehr widersprüchliche Antworten. Einigermaßen glaubwürdig wirkt eine Datierung um 500 v. Chr. Auch war der germanische Lautwandel bereits abgeschlossen, als Skiren und Bastarnen um 200 v. Chr. nach Südosteuropa aufbrachen, da sie in ihrer dakisch-getisch-griechisch sprechenden Umgebung sprachlich Germanen blieben.

6. Was bedeuten die Begriffe Germania magna, libera, superior, inferior und maritima? Gleichzeitig mit der Errichtung des Limes (Frage 54) entstanden die beiden, im wesentlichen linksrheinischen Provinzen *Germania superior* mit der Hauptstadt Moguntiacum-Mainz und *Germania inferior* mit der Hauptstadt Colonia Agrippinensis-Köln. Weil die Absicht nun endgültig aufgegeben wurde, die *Germania magna* bis zur Elbe zu unterwerfen, genügte die Stationierung von je zwei Legionen in den beiden neuen Provinzen. Im 19. Jahrhundert, da noch jeder Abiturient lateinische Witze machte und verstand, meinten die Professoren oberdeutscher Universitäten, die Römer hätten sich bei der Benennung Niederdeutschlands als *Germania inferior* etwas gedacht. Diese Bosheit ließen ihre niederdeutschen Kollegen nicht auf sich beruhen und ersetzten die *Germania inferior* durch den Kunstausdruck *Germania maritima*, meerseitiges Germanien. Beide akademischen Kontrahenten einigten sich jedoch auf die Erfindung des Kunstausdrucks *Germania libera*, freies Germanien, für den Raum, den die antiken Autoren *Germania magna* oder Γερμανία μεγάλη nannten. Damit meinten die griechisch-römischen Geographen aber kein «Großdeutschland» avant la lettre, sondern in guter Tradition denjenigen Teil einer geographischen oder ethnographischen Formation, der vom eigenen Standpunkt aus im Kolonisationsland oder einfach jenseits der eigenen Grenzen lag. So verstand die antike Geographie unter *Germania magna* einen Großraum, der durch den Rhein im Westen, die Weichsel im Osten, die Ozeane im Norden und die Donau im Süden begrenzt wurde.

7. Lebten alle Germanen in der Germania, und wie veränderten sich die beiden Begriffe? Die Antike – und das galt nicht nur für die Germanen und die Germania – setzte ethnische und geographische Bezeichnungen zueinander in Beziehung und verfestigte sie zu einer literarischen Tradition, die zwei gegenläufige Betrachtungsweisen umfaßte. War ein neues bedeutendes Ethnikon entdeckt, wurde ein Großraum danach benannt. Sehr bald stellte sich die Frage, wie auf ethnische Veränderungen – wie Wanderungen – zu reagieren sei. Sollten diese nicht bedacht und die Namen der traditionell festgelegten Siedlungsgebiete unbeschadet ihrer jeweiligen Bewohner weiterverwendet werden, oder sollten die antiken Großraumbezeichnungen ihren namengebenden Bewohnern folgen? Letzteres geschah etwa mit den als Skythen bezeichneten Hunnen (Frage 72), von denen es heißt, sie wohnten mit ihren unterworfenen Völkern in Skythien, nämlich in Pannonien und Dakien. Diese Länder lagen aber weit westlich des alten Skythiens (Sarmatiens), das erst östlich der Weichsel begann.

Tacitus (Frage 15) verstand unter «Germanen» nicht bloß die Bewohner der *Germania (magna)* (Frage 6), sondern auch die Skandinavier und die Bastarnen an der unteren Donau. Im 3. und 4. nachchristlichen Jahrhundert verschwindet dieser allgemeine Germanenbegriff aus den Quellen. Die gotischen und skandinavischen Völker sind nun keine Germanen mehr. Spätantike Autoren bezeichneten als Germanen mitunter die rechtsrheinischen Alemannen, vor allem aber und auf Dauer die Franken (Frage 75). Dabei folgte die Terminologie dem fränkischen Siedlungsgebiet und verschob die *Germania* tief in die linksrheinische *Gallia*. Die angelsächsische, mit Rom verbundene Mission des 8. Jahrhunderts erneuerte den traditionellen Germania-Begriff, der den Raum zwischen Rhein und Weichsel, Donau und den Meeren im Norden beschrieb (Frage 6). Dabei erkannte man, daß ein beachtlicher Teil dieses Großraums, nämlich das Gebiet zwischen Saale und Weichsel, nun von slawischen Völkern bewohnt wurde (Frage 91). Erst im Hochmittelalter ging aus dieser *Germania* die *Sclavinia* hervor. Gleichzeitig identifizierten manche Quellen die Deutschen positiv mit den Germanen, doch überwiegt bis heute – siehe *Germans, Germany* – die Verwendung des Namens als Fremdbezeichnung.

8. Gab es ein germanisches Gemeinschaftsbewußtsein?

Ein germanisches Gemeinschaftsbewußtsein wird nur von den Römern, und zwar bereits von Caesar, besonders aber von Tacitus behauptet. Sucht jedoch die heutige Wissenschaft danach, ist die Ausbeute – selbst unter Einschluß der Heldensage – äußerst dürftig. So haben sich in allen germanischen Sprachen die Wochentagsgleichungen (Frage 45) durchgesetzt. Auch waren und sind in allen germanischen Sprachen die romanisch-keltischen Süd(west)völker die Welschen/Walschen/Walchen und die (süd)östlichen slawisch-baltischen Völker die Wenden/Winden/Windischen. Diese bis heute üblichen Fremdbezeichnungen haben ihre Ursprünge spätestens im 1. vorchristlichen Jahrhundert. Sie gehen einerseits zurück auf die zunächst in Süddeutschland und dann in der Belgica wohnenden keltischen Volcae und andererseits auf die von der Ostsee bis zur venezianischen Adria siedelnden Veneter, die eine untergegangene indogermanische Völkergruppe bildeten. Das Paar «windisch und welsch» setzte ein germanisches Wir-Bewußtsein gegenüber den Nachbarn voraus und machte bereits die germanische Lautverschiebung mit (Frage 5). Schließlich könnte eine geringere soziale Bedeutung des individuellen Alters (Frage 23), nicht jedoch die Wertschätzung der Altehrwürdigkeit eines Volkes germanisch gewesen sein; doch muß auch diese Annahme hauptsächlich von sprachlichen Belegen gestützt werden.

9. Was sind die Runen? Runen sind Schriftzeichen, die «ausschließlich aus vertikalen und diagonalen Linien bestehen», das heißt, «sie waren ursprünglich dazu gedacht, quer zur Maserung des Beschreibstoffes (Holz) eingeritzt zu werden» (Birgit Sawyer). Die Runen «wurden auf der Grundlage eines mediterranen Alphabets, am ehesten des lateinischen, in der Zeit um Christi Geburt bis ins 1. Jahrhundert n. Chr. im westlichen Ostseeraum (vielleicht mit Anregungen aus dem Rheingebiet) [...] als Kommunikationsmittel zu profaner, aber auch sakraler und magischer Verwendung geschaffen» (Klaus Düwel). Rune, *runa*, bedeutete im Gotischen das Geheimnis, und auch die Skandinavier führten die Entstehung der Runen auf den Gott Odin zurück. Die Blütezeit skandinavischer Runensteine, die zur Erinnerung an einen Toten gesetzt wurden, reicht jedoch vom 10. bis zum Beginn des 12. Jahrhunderts und ist eher ein Zeichen bereits erfolgter Christianisierung, da die Steine an die Stelle der heidnischen Beigabensitte treten. Wenn Runen auch besonders im nordgermanischen Hochmittelalter in Gebrauch waren, ja in abgelegenen Gebieten Skandinaviens bis weit herauf in die Neuzeit verwendet wurden, waren sie – während der Spätantike und des Frühmittelalters – doch allen germanischen Stämmen unter Einschluß der angelsächsischen Völker bekannt.

Die vielzitierte Nordendorfer Fibel entstand frühestens in der Mitte des 6. Jahrhunderts und enthält eine Runeninschrift, in der für eine Alemannin die älteste bekannte Nennung Wodans und Thors geritzt wurde. Wahrscheinlich handelt es sich dabei nicht mehr um eine Weihe an die beiden heidnischen Götter, sondern bereits um das Gegenteil, um ihre Verfluchung durch eine Christin. Die Salzburger, jetzt Wiener Handschrift cvp 795, die knapp vor 800 entstand, enthält auf fol. 20r eine Reihe mit Lautwert und Namen der Runen. In einer sehr wichtigen Freisinger, heute Münchener Handschrift, wurden um 850 lateinische Segenswünsche in Runen aufgeschrieben. Bleibt die Frage, was die Verwendung von Runen, die im karolingerzeitlichen Bayern keine Seltenheit ist, bedeutet: Handelte es sich bloß um einen gelehrten Antiquarismus, oder steckt mehr dahinter? Wahrscheinlich ist beides der Fall gewesen. Die Wiener Handschrift bietet nicht nur die Runen-Reihe, sondern auch ein griechisches Alphabet mit Aussprache und Zahlenwerten sowie gotische Buchstaben und ein Fragment aus der Wulfila-Übersetzung, das jedoch von der Gotenbibel (Frage 51) abweicht. Und das ganze ist einem umfangreichen

Abb. 1: Karlevi-Runenstein auf Öland, 10. Jahrhundert n. Chr.

Corpus von Briefen vorgebunden, die der große angelsächsische Gelehrte Alkuin an seinen Freund, den Erzbischof Arn von Salzburg (785–821), gerichtet hatte. Alkuin war aber die treibende Kraft hinter einer Mission der Awaren und ihrer abhängigen Völker. Hat man gemeint, mit Griechisch, Gotisch und den Runen für dieses Unternehmen das sprachliche Rüstzeug zu besitzen? Die Frage muß offenbleiben.

10. Gibt es namenkundliche Hinweise auf die «Urheimaten» germanischer Völker, und warum lagen sie alle in Skandinavien? Die kleinen nordjütischen Landschaften Himbersysael (heute Himmerland), Thythesysael (heute Ty) und Hardsyssel könnten die Namen von Kimbern, Teutonen (Frage 68) und Haruden bewahrt haben. Die «Urheimat» der Vandalen (Frage 73) sollen entweder das dem dänischen Himmerland (Kimbernland) benachbarte Vaendlesysael (heute Vendsyssel) oder Vaendil (heute Vendel), eine Landschaft im schwedischen Uppland, gewesen sein. Von Bornholm (Burgendiland, Burgundarholm) seien die Burgunder (Frage 74) gekommen, von Gotland die Goten (Frage 70), wenn man sie nicht, wie die Gotengeschichte

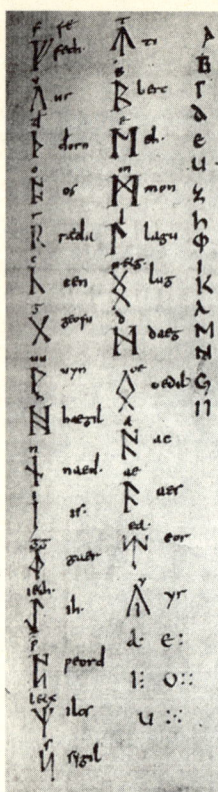

Abb. 2 a: Lautwert und Namen der Runen

(Frage 16), von der Insel Scandza aus dem gautischen Südschweden auf den Kontinent wandern läßt. Mit namenkundlichen Zeugnissen hat aber der Historiker das große Problem, daß sie selten eine Jahreszahl verraten, ja oft Jahrhunderte nach ihren angenommenen Ursprüngen zum ersten Mal überliefert werden.

Dazu zwei Beispiele: Einige Zeit vor der Schlacht im Teutoburger Wald (Frage 93) suchten kimbrische Gesandte Kaiser Augustus (27 v.–14 n. Chr.) in Rom auf, überbrachten «als Geschenk das wertvollste Sakralgefäß, das sie besaßen, und baten damit um Freundschaft und um Verzeihung für ihr einstiges Verhalten». Diese Gesandtschaft dürfte die Reaktion auf eine maritime römische Expedition gewesen sein, die Augustus angeordnet hatte, um Jütland zu umrunden und so einen Seeweg zum Kaspischen Meer zu suchen. Wie aber kamen die im nördlichen Jütland sitzenden Germanen auf die Idee, sie seien Kimbern (Frage 68), das heißt die Nachkommen der schrecklichen Invasoren? Wurden sie von den römischen Seefahrern davon «überzeugt», um die Siegesliste des Kaisers zu verlängern, oder erinnerten sie sich «wirklich» an die Taten ihrer Vorfahren? Aber selbst dann, wenn letzteres zutraf, kann man mit Sicherheit nur sagen, daß sich im Norden Jütlands frühestens nach dem Kimbernsturm eine kimbrische Identität gebildet hatte, von der das dänische Himmerland bis heute seinen Namen hat.

Das zweite Beispiel betrifft die Goten. Heute noch gibt es die Insel Gotland und das götisch-gautische Südschweden. Der Name der Goten ist mit dem der Götar und Gauten bedeutungsgleich; sie alle sind «die Männer». Der Spitzenahn der Amaler (Frage 61) war Gaut, der heroische Namengeber der Gauten. Demnach wären auch die Amaler ursprünglich Gauten gewesen, und ihre «Urheimat» läge in Skandi-

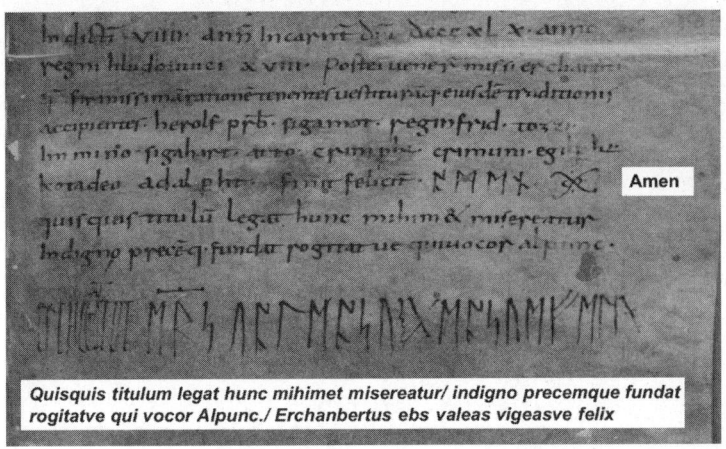

Quisquis titulum legat hunc mihimet misereatur/ indigno precemque fundat rogitatve qui vocor Alpunc./ Erchanbertus ebs valeas vigeasve felix

Abb. 2 b: Lateinische Segenswünsche in Runenschrift

navien. Als sich aber die auf dem Kontinent zu Goten gewordenen Amaler als das vornehmste und erfolgreichste gotische Königsgeschlecht durchgesetzt hatten, ließen sie ihre skandinavischen Ursprünge auf alle Goten übertragen. Unterstützt, wenn nicht angeregt wurde diese Übertragung durch einen gautischen König, der um 500 bei Theoderich dem Großen (Frage 88) Zuflucht fand und die Kunde von gautischen, gotisch zu deutenden Völkern nach Ravenna brachte. Daraus darf aber der Historiker keine gotische «Urheimat» in Südschweden ableiten, und er wird auch nicht zustimmen, wenn sie in historische Atlanten (Frage 70) eingezeichnet wird. Er kann nur sagen, daß die Herkunft der Goten aus Skandinavien nicht historisch zu erweisen ist, sondern am Beginn ihrer eigenen Geschichtserzählung stand, und fragen, warum dies so war.

Die skandinavische Herkunft bildete einen Ursprungsmythos, der von der antiken und frühmittelalterlichen Ethnographie systematisch zu einer «Meistererzählung» ausgebaut wurde. Demzufolge sollten nicht nur die Goten und Langobarden (Frage 77), sondern alle Völker, die die germanische Volkssprache, die *lingua theotisca*, sprachen, einmal Skandinavier gewesen sein. Dafür liefert die Gotengeschichte (Frage 16) die klassische Erklärung: «Die Insel Scandza sei gleichsam eine Völkerfabrik und eine Urmutter der Stämme.» Skandinavien war *das* «Auswanderungsland» der antiken Ethnographie.

Das kalte Klima – so die zeitgenössische Theorie – verlängerte die Fortpflanzungsfähigkeit von Mann und Frau. In den extrem langen Winternächten konnte sich der gewaltige Fortpflanzungsdrang der Skandinavier voll entfalten, so daß ihr Land ständig von Übervölkerung bedroht war, zumal Naturkatastrophen wie Springfluten, Ernteausfälle und Hungersnöte zum Verlassen der Heimat zwangen. Die Auswanderer aber brachten ein besonderes Angebinde nach Europa, ihre langen Stammbäume.

Vielgliedrige Genealogien schufen Altehrwürdigkeit und damit Vorrang unter den Völkern. Die Nennung einer langen Ahnenreihe setzte magische Kraft frei. Wer die 24 Vorfahren der irischen Heiligen Brigit aufsagen konnte, schützte sich für den Tag und die Nacht vor den Nachstellungen des Teufels und vor irdischen Feinden. Besonders lange Genealogien zeichneten im europäischen Frühmittelalter nur solche königlichen und adeligen Familien aus, die ihre Herkunft aus Skandinavien oder den britischen Inseln herleiteten. Nur hier konnten sich konservative Traditionen in relativer Ungestörtheit entfalten und daher länger erhalten. Dem entspricht, daß in Irland die vornormannische Namensschicht fast völlig keltisch ist, während es in Südskandinavien kaum nichtgermanische Hydronyme (Gewässernamen), ganz zu schweigen von Toponymen (Ortsnamen) gibt. Der Stammbaum der Ynglingar, der Svear-Könige von Uppsala, umfaßte weit über 20 Namen. Die Genealogie der gotischen Amaler (Frage 61) zählte bei ihrer Niederschrift 17 Generationen. Um die Mitte des 7. Jahrhunderts herrschte Rothari, der große Gesetzgeber, als 17. König der Langobarden (Frage 77). Alle nennen Skandinavien als ihre «Urheimat».

Die Beispiele lehren, daß die Existenz einer «Urheimat» eine Erzählung ist, die wie auch die aller anderen Ursprünge ihren Inhalt wie ihre Form erst dann erhält, wenn sich eine voll entfaltete Geschichte an ihre Anfänge erinnert. Eine erfolgreiche und daher den Vorfahren zu Dank verpflichtete Gegenwart erklärt und legitimiert sich aus einer fernen, dunklen Vergangenheit. Daraus entsteht eine «alte wundersame Geschichte», die der historischen Kritik zumeist nicht standhält und jedenfalls keine genetisch-biologische Interpretation erlaubt.

11. Welchen Wert besitzen Unvermischtheit und Bodenständigkeit? Entsprechend ihren eigenen Ursprungsgeschichten fragten die antiken Autoren, ob auch die Barbaren die Nachkommen von unvermischten Einheimischen oder die von Zugewanderten vermischt mit Einheimischen seien. Zumeist entschieden sie sich für die traditionelle Einwanderung zu Schiff. In diesem Sinne verstanden sich die Römer als Nachkommen von Aeneas und seinen Trojanern, die nach langer Irrfahrt über das Meer nach Latium gekommen seien und hier mit den Einheimischen ein neues Volk gebildet hätten. Dieses Muster blieb lange Zeit bestimmend. Es gab jedoch auch eine, allerdings seltener vertretene antike Lehrmeinung, wonach die Vermischung von Völkern zu deren Dekadenz führe. Unter den Germanen waren es eher die kleineren Völker wie Skiren, Iuthungen oder Rugier, die sich als «Reinrassige» von «Vermischten» wie Bastarnen, Alemannen und Goten (Frage 70) absetzten. Tacitus (Frage 15) zufolge waren die Germanen aber insgesamt bodenständig und unvermischt. Allerdings gibt er dafür eine Erklärung, die «Reinrassigkeit» alles andere denn als Wert darstellt. Tacitus sagt nämlich, die Germanen seien bloß deswegen unvermischt, weil kein vernünftiger Mensch in ihr von Nebeln verhülltes, von Wäldern und Sümpfen bedecktes Land ziehen würde, aber auch weil Einwanderungen einst zur See erfolgten und der «Ozean» dies «damals» verhindert habe. Seitdem aber Nord- und Ostsee für befahrbar galten, ließ man die Neuankömmlinge, wenn nicht aus Spanien so aus dem als übervölkert geltenden Skandinavien (Frage 10) einwandern; und zwar die Goten (Frage 70) und Langobarden (Frage 77) auf den Kontinent, nach Britannien aber die Angeln und Sachsen (Frage 76). Aus deren Herkunftsgeschichten (Frage 16) geht klar hervor, daß Bodenständigkeit und Unvermischtheit keine Werte an sich darstellten.

12. Wie verhält sich die Kriegerzahl zur Gesamtzahl eines barbarischen Volkes? Die Quellen berichten eher von den Kriegerzahlen als von den Gesamtzahlen barbarischer Völker, und das gilt auch für die Germanen. Die absoluten Zahlenangaben der Überlieferung sind für gewöhnlich weit übertrieben. Wer die keltischen Menschenverluste, die Caesar in seinem *Gallischen Krieg* auflistet, ernstnimmt, und das haben Schulbuchautoren noch in der Zwischenkriegszeit getan, errechnet eine Opferzahl, die der geschätzten Einwohnerzahl des antiken Europa nahekommt. Trotzdem sind Caesars Angaben insofern wertvoll, weil er ausdrücklich für Kämpfer und Nichtkämpfer das Verhältnis von 1:4 mitteilt. Das Heer Marbods (Frage 84) wird mit 70 000 Fußkriegern und 4000 Reitern angegeben. Als Tiberius den

Markomannenkönig im Jahre 6 n. Chr. angriff, bot er zwölf Legionen samt ihren Hilfstruppen auf, insgesamt zwischen 90 000 und 100 000 Mann. Demnach dürfte die überlieferte Stärke der Marbod-Streitmacht keine Übertreibung gewesen sein, so daß insgesamt mit etwa 300 000 Markomannen und Gruppen aus anderen suebischen Völkern im böhmischen Kessel zu rechnen wäre.

Mitunter wird auch ein Verhältnis von Kombattanten zu nicht kämpfenden Stammesangehörigen in der Relation 1:5 angenommen; doch gibt es dafür anscheinend keine antiken Belege. Das Verhältnis hängt sicher auch von der gesellschaftlichen Entwicklung eines Volkes ab. In Zeiten längerer Seßhaftigkeit tritt eine stärkere soziale Spezialisierung ein, und das Kriegshandwerk bleibt der Elite und ihren Gefolgschaften überlassen. Die donaugotischen Heere (Frage 70) des 4. Jahrhunderts bestanden vor dem Hunnensturm (Frage 72) aus 3000 Kriegern, die alle wie «Edle» wirkten, während viele ihrer Landsleute keine Waffen mehr trugen. Der Hunneneinbruch von 376 bewirkte dagegen die Remilitarisierung der Goten, die ihre Heimat vor oder mit den Hunnen verlassen mußten. Bald trug jeder Mann wenigstens wieder einen Schild, einen Speer und eine Lanze (Frage 96).

13. Was heißt Böhmen? Böhmen, *Boi(o)haemum,* auf deutsch «Ort/Land der Bojer», ist der älteste bekannte germanische Orts- und Ländername, den die markomannisch-quadischen Völker prägten, die Marbod (Frage 84) um Christi Geburt ins Land der keltischen Bojer geführt hatte. Eine griechische Quelle kennt in Böhmen auch noch die Batino-Chaimer, ein wohl an der Moldau wohnendes suebisches Volk, das sich im Land, im (C)Haim, von sonst unbekannten (keltischen?) Batinern breit gemacht hatte und sich einen Namen in Analogie zu Böhmen gab. Böhmen dürfte zunächst den markomannischen Herrschaftsmittelpunkt Marbods im Zentrum des böhmischen Kessels benannt haben, bevor daraus die Landesbezeichnung wurde. So liest man noch bei Tacitus: «Bis heute besteht der Name *Boihaemum,* und er kündet von der alten Geschichte des Ortes, obwohl seine Bewohner andere geworden sind.» Eine ebenso kluge Feststellung wie unverändert gültige Mahnung, die Erinnerung an die Vergangenheit nicht aufzugeben und gleichzeitig die Gegenwart ohne Ressentiments anzuerkennen.

Je zwei griechische und zwei lateinische Autoren verschriftlichten den volkssprachlichen Namen, der von Christi Geburt bis ungefähr 150 n.Chr. der Antike bekannt blieb. Danach verschwindet *Boi(o)haemum* aus der literarischen Überlieferung und taucht erst knapp nach 800 wieder auf. Die karolingischen Geschichtsschreiber dürften den Landesnamen zum zweiten Mal der mündlichen Tradition entnommen und verschriftlicht haben. Böhmen blieb bis heute die nichtslawische Fremdbezeichnung des Landes. Anders als für Mähren/Morava, das in allen Sprachen nach dem Fluß *Marus/March/Morava* heißt, gibt es im Tschechischen für Böhmen nur das Wort *Čechy*.

Wichtige Quellen

14. Was wußte Caesar über die Germanen? Der Eroberer Galliens entdeckte zwar nicht die Germanen, noch weniger erfand er sie; aber er vertiefte die vagen Vorstellungen seiner Landsleute und begründete in seinen *Commentarii de bello Gallico*, in seinem *Gallischen Krieg*, auch eine germanische Ethnographie. Diese diente Caesar dazu, der römischen Öffentlichkeit die Nutzlosigkeit eines tieferen Vordringens in die *Germania magna* (Frage 6) zu vermitteln. Sowohl 55 wie 53 v.Chr. ließ Caesar zwar in wenigen Tagen eine Brücke über den Rhein schlagen und überquerte wohl im heutigen Hessen mit seinen Truppen den Strom, um Germanen vor Angriffen auf das römische Gallien abzuschrecken. Danach aber schrieb der Feldherr seinen ethnographischen Exkurs, in dem er die Gallier und die Germanen sehr zum Nachteil der letzteren miteinander verglich. Für ihre niedere Kulturstufe, ja ihren völligen Mangel an Bildungsfähigkeit gab er folgende Beispiele: Sie hätten keine Priester, opferten keinen personalen Göttern noch beteten sie solche an, sondern nur das Feuer und die Gestirne. Sie lebten für und von der Jagd (Frage 20) und für den Krieg, kleideten sich in Fellen und übten eine keusche «Freikörperkultur». Sie hätten kein Privateigentum an Grund und Boden, was die marxistische Geschichtsdeutung sehr erfreute, und keine Häuser, die den Namen verdienten. Sie betrieben keinen intensiven Ackerbau, sondern lebten wie Nomaden von Milch, Käse und Fleisch. In Friedenszeiten hätten sie keine gemeinsame politische Organisation, dafür ein ausgeklügeltes, auf Raubzüge angewiesenes Gefolgschaftswesen (Frage 41). Sie umgäben ihre Länder mit einer breiten Ödzone, übten aber großzügige Gastfreundschaft. Alle diese Eigenheiten waren für Barbaren insgesamt und nicht bloß für die Germanen typisch. Eine germanische Besonderheit jedoch waren die tierischen Monster, mit denen sie ihr waldreiches Land teilten: Auerochsen, als Einhörner dargestellte Rentiere, Elche ohne Gelenke. Letztere müßten sich zum Schlafen an Bäume anlehnen. Wie weiland Max und Moritz es mit der Brücke beim Haus von Meister Böck taten, versuchten die Jäger jene Bäume vorher anzusägen, um die Elche, die mit ihren Schlafstellen zu Boden fielen, zu fangen. Es ist eine feine Ironie der Philologie, daß Caesar, der ein unübertroffenes Latein schrieb, anscheinend dem Jägerlatein des Vorvorgängers eines hessischen Oberförsters aufsaß. Ganz anders ist Caesars funktionale Berichterstattung über die Germanen, gegen die er schwere Schlachten schlug und mit deren Reitern er die Gallier endgültig besiegte (Frage 96). An Caesars Berichterstattung über diese Ereignisse knüpfte die Germanenidentifikation der Deutschen im 12. Jahrhundert an. Nicht zu vergessen, daß Caesar dem Kaiser seinen Namen gab, den seit Karl dem Großen und Otto dem Großen die «Deutschen» stellten.

15. Was wußte Tacitus über die Germanen? Tacitus schrieb in den *Historien*, den *Annalen* und vor allem in seiner *Germania* über die Germanen. Der Autor benutzte eine Vielzahl von Quellen, vor allem die römischen Poeten sowie heute verlorene Bücher aus dem Riesenwerk des Livius, die *Germanenkriege* des älteren Plinius oder die Weltkarte des Agrippa. Selbstverständlich kannte Tacitus auch den *Gallischen Krieg* Caesars (Frage 14), den er als einzigen Autor auch namentlich zitierte. Beherrscht wird die taciteische Darstellung durch drei markante Ereignisse: Zum einen durch die zu seiner Zeit immer noch ungerächte Niederlage im Teutoburger Wald (Frage 93). Zum andern durch den Bataveraufstand von 69/70, der die Herrschaft Roms in weiten Teilen Galliens und am Unterrhein erschütterte. Zum dritten durch den Chattenkrieg Domitians, den Tacitus negativ bewertet und dessen Ergebnis, die Errichtung des Limes (Frage 54) als die nach Germanien vorgeschobene Reichsgrenze, er verschweigt. Tacitus war ein bestens ausgebildeter und sehr erfolgreicher Redner; er hatte aber auch ethnographische Interessen. Beides erklärt seine Absicht, die römischen Leser mit ethnographischen Berichten zu amüsieren, vielleicht auch aufzurütteln, ja zu schockieren. Dazu bedurfte es aber weder eigener Forschungen über die noch persönlicher

Kenntnis der Germanen. Im Grunde interessieren sie ihn nur als Gegner Roms, weshalb er sie als ein einziges einheitliches Volk, das sie nicht waren, darstellen muß. Diese Betrachtungsweise macht jedoch seine Berichte nicht von vornherein wertlos, sofern man das Interesse des Beobachters berücksichtigt. Wenn etwa Tacitus das besondere Ansehen germanischer Frauen (Frage 24) vermerkt, denen er sogar «etwas Heiliges und Prophetisches» zubilligt, erwähnt er zugleich, daß deren Verehrung nicht so weit in Schmeichelei ausartet, daß man aus ihnen Göttinnen macht. Selbstverständlich kritisiert der Autor damit den Herrscherkult seiner Zeit, der auch die Frauen des kaiserlichen Hauses einbezog. Aber Tacitus darf die Bedeutung einer Veleda (= Seherin), die «als Stellvertreterin einer Gottheit» galt, nicht erfinden, soll deren Gegenüberstellung mit der römischen Wirklichkeit Sinn haben. Allerdings verallgemeinert Tacitus Beobachtungen, die schon vor ihm über einzelne germanische Völker gemacht und tradiert wurden, und will bei ihnen die gute alte Zeit der römischen Ursprünge wiederfinden, damit sie seinen Zeitgenossen als Beispiel und Warnung dienen. Aber als Zusammenstellung des antiken Wissens um 100 n. Chr. sind die Berichte des Tacitus über die Germanen, insbesondere die *Germania* selbst, von größtem Wert. Selbstverständlich sind wir heute von einer naiven 1:1 Übernahme seines Germanenbildes weit entfernt und vermeiden es zu sagen, so waren die Germanen, so lebten die Germanen, so glaubten die Germanen. Dies gilt im besonderen für die Teile der *Germania* (cc. 16–25), wo der Autor vom täglichen Leben, von den Sitten und Gebräuchen, der Ehe, der Keuschheit der Frauen, der Kindererziehung (Fragen 17–24) und nicht zuletzt von der Gastfreundschaft berichtet. Wie sehr Tacitus gerade bei deren Schilderung in der ethnographischen Tradition steht, ja homerische Zustände beschwört, hat vor Jahren ein berühmter Philologe damit bewiesen, daß er den Abschnitt über die Gastfreundschaft ins Griechische des Dichters der Ilias und Odyssee übertrug. Jedenfalls könnte man alle 101 Fragen leicht mit Hilfe von Tacitus formulieren. Allerdings wäre das Ergebnis nichts anderes als ein weiterer Kommentar zur *Germania*, und daran besteht wahrlich kein Mangel.

16. Was sind Herkunftsgeschichten? Herkunftsgeschichten handeln von den Ursprüngen (Frage 10) und dienen der Identitätsstiftung und Legitimation eines Volkes wie seiner Eliten. Die bekanntesten Schriften sind die Gotengeschichte von Jordanes/Cassiodor von 533/51 sowie die langobardische Herkunftsgeschichte aus dem 7. Jahrhundert, womit Paulus Diaconus knapp vor 800 seine Geschichte der Langobarden einleitete (Frage 77). Im 10. Jahrhundert behandelte Widukind von Corvey nach älteren Vorlagen das Thema der altsächsischen Herkunft. Am Beginn des 12. Jahrhunderts schrieb Cosmas von Prag seine Chronik der Böhmen, und der Gallus Anonymus leistete Ähnliches für die Polen. Beide Autoren begannen ihre Werke mit Herkunftsgeschichten. Vergleichbare Elemente enthalten volkssprachliche Geschichten und Geschichtsdichtungen wie der Widsith und der Beowulf angelsächsischer Autoren. Herkunftsgeschichten, die zwischen 500 und 1200 entstanden sind, enthalten Reste der mündlichen Überlieferung, die ihre Verfasser jedoch mit Hilfe der literarischen Tradition, vornehmlich des Alten Testaments und der antiken Literatur, in eine (christliche) Geschichte verwandeln. Den Herkunftsgeschichten liegt – wie schon Tacitus (Frage 15) – ein dreigliedriger Kanon zugrunde: Erstens wurde die Herkunft, *origo*, im engeren Sinne behandelt. Zweitens interessierten Sitten und Taten, *mores, actus, facta,* und selbstverständlich die Sprache. Das dritte Thema bildete die Lokalisierung eines Volkes, und zwar auf den aus drei Erdteilen bestehenden Weltkarten, wo die Insel Scandza (Frage 10) an wichtiger Stelle eingetragen war. Zur Lokalisierung, zum *status*, eines Volkes zählten aber auch die politische Verfassung und mitunter die Gesetze (Frage 34), sofern diese nicht den Sitten zugeordnet wurden.

Mit der lateinischen Dänengeschichte des Saxo Grammaticus schloß um 1200 die Reihe der auf diese Weise gestalteten Herkunftsgeschichten.

Der Alltag

17. Wie ernährten sich die Germanen? Ein literarischer Gemeinplatz ist die Darstellung des Barbaren und damit des Germanen als Nomaden oder Halbnomaden, der nur von Viehzucht und Jagd (Frage 20) lebt. Barbaren, so wußten es die zivilisierten Ethnographen, gleichsam die antiken Völkerkundler, essen alle dieselbe eintönige Mahlzeit. Fleisch wird gliedweise gebraten oder gar roh verzehrt. Dazu wird Milch oder Wasser getrunken. Wenn Handel oder ein Beutezug Wein bescherten, verschwand er ungemischt in den von dichten Bärten umrahmten Kehlen. Die Geschichtswissenschaft, die in erster Linie auf schriftliche Quellen dieser Art angewiesen ist, bedarf daher der Korrektur durch die Ergebnisse der Sprachwissenschaft und der Archäologie. So zeigen Ausgrabungen, daß sich die Germanen schon vor Christi Geburt vom Pflanzenanbau (Frage 18) neben der Viehwirtschaft ernährten. Außerdem war das Vieh viel kleiner und seine Stückzahl geringer als heute. Das Schlachtgewicht eines Rindes betrug höchstens 150 kg, heute beträgt es das Vierfache. Nur bei Großbauern oder auf Fürstenhöfen standen vier und mehr Kühe im Stall, die überdies wegen der Kälberaufzucht bloß einen Teil des Jahres gemolken werden durften. Bevorzugt wurden die sandigen Böden, weil sie mit den primitiven Holzpflügen leichter zu bearbeiten waren. Der Boden konservierte Sicheln, Sensen und Zugjoche für die Rinder. Die Ergebnisse der Archäologie werden durch sprachgeschichtliche Befunde bestätigt und ergänzt. Allerdings stammt die wichtigste volkssprachliche Quelle, die gotische Bibelübersetzung (Frage 51), erst aus der Mitte des 4. Jahrhunderts und aus einem Raum, in dem germanische Völker bereits seit langem in engem Kontakt mit der antiken Mittelmeerkultur gelebt hatten. Die biblische Geschichte entwirft jedenfalls in ihren Gleichnissen ein höchst anschauliches Bild vom Leben einer Bevölkerung, die sich von Ackerbau, Viehzucht und Fischfang ernährte. Um aber die Begrifflichkeit dieses Alltagslebens ins Gotische zu übertragen, benötigten Wulfila und seine Helfer kaum fremde Anleihen. Fast alle bibelgotischen Wörter für Früchte, Getreidearten, für das Unkraut, für den Mist, den Pflug und die sonstigen landwirtschaftlichen Werkzeuge sowie für die bäuerlichen Arbeiten sind weder Fremdwörter noch Lehnübersetzungen, sondern rein gotischen Ursprungs. Da auch das, woran man Mangel leidet, einen Namen hat, bedeuten die sprachlichen Zeugnisse allerdings nicht, daß die Lebensmittelversorgung stets gesichert war. Tatsächlich bedrohten Hunger und Not jede germanische Stammesgesellschaft. Kriege wurden für gewöhnlich im Sommer geführt, da das Getreide am Halm reifen sollte. So brachte bereits der Verwüstungsfeldzug, den die Römer 367 und 369 gegen die Donaugoten führten, das Volk dem Hungertod nahe. Ein Jahr galt als gut, wenn die Getreidefelder je Hektar wenigstens sechs Doppelzentner trugen. Heute ist es ein schlechtes Jahr, wenn die Ernte nicht mindestens das Zehnfache beträgt. Da der Ertrag höchstens dem Drei- bis Vierfachen der Aussaatmenge entsprach, wurden entweder keine Überschüsse erwirtschaftet oder die Bevorratung funktionierte nur unzureichend, weil das Getreide (Frage 18) kaum vor Ungeziefer und Mäusefraß zu schützen war. Allerdings lernten diejenigen Germanen, die nahe der römischen Reichsgrenze lebten, sehr schnell, ihr Nahrungsmitteldefizit durch Zukäufe aus Gallien oder den Donauprovinzen zu beheben. Beim Abschluß von Verträgen mit dem Imperium ging es daher nicht zuletzt um die Erlaubnis des freien Handels mit den Römern oder zumindest um den ungehinderten Zugang zu bestimmten Handelsplätzen.

18. Welche Getreidearten kannten die Germanen? Die bevorzugte Getreideart der Germanen war die rasch reifende und witterungsbeständige Gerste. Als der griechische Gesandte Priskos 448/49 durch das heutige Ungarn reiste, bezogen er und seine Begleiter ihre Verpflegung aus den Dörfern, wo sie «statt Getreide eine Art Gerste» erstanden. Man kennt Fundplätze, wo die Gerste mehr als 90 Prozent des erhaltenen Getreides ausmacht. Die Ausgräber können aber auch Hafer, Rispenhirse und in geringerem Maße Weizen und Roggen nachweisen.

19. Was war der Met? Der Grieche Priskos, der als kaiserlicher Gesandter 448/49 zu Attila reiste, berichtete auch darüber, daß er und seine Begleiter unterwegs im Karpatenbecken «statt Wein den landesüblichen *medos*» tranken. Das Wort *medhu*, Rauschtrank, ist indogermanischer Herkunft und vom Altindischen bis zum Altslawischen, Litauischen und Keltischen verbreitet, ja als Lehnwort sogar ins Finnisch-Ugrische und Chinesische gelangt. Keltische Personennamen wie Metgezeugter oder Sohn des Mets und die Metgöttin Meduna künden von der Beliebtheit des Rausches und des ihn bewirkenden Tranks. Homer bezeichnete damit allerdings bereits den mediterranen Traubenwein, der das gegorene Honiggetränk im Griechischen verdrängt oder zumindest zurückgedrängt hatte. Allgemein war die Existenz eines aus Honig gebrauten oder damit vermischten Getränks der Antike längst bekannt, bevor Priskos die älteste Nennung von *medos* überlieferte. Dieser Beleg stammt aus dem Hunnenreich und kann daher als germanisch oder – weniger wahrscheinlich – als slawisch gedeutet werden.

20. Was bedeuteten Jagd und Fischfang bei den Germanen? Bereits Caesar (Frage 14) berichtet von der Bedeutung der Jagd für die Erziehung und Ertüchtigung des germanischen Kriegers, der sich besonders bei der Erlegung des «elephantengroßen» und gefährlichen Auerochsen bewähren sollte. Aber auch der Wisent wurde gejagt, konnte man doch von den beiden Wildrindern ein Schlachtgewicht von 300 bis 400 kg erwarten. Wesentlich geringer fiel die Ausbeute bei Rothirsch und Wildschwein aus, die 60 bis 80 kg Fleisch lieferten. Verwertet wurden außer dem Fleisch die Häute, Pelze, die Geweihe und nicht zuletzt die Hörner des Urs, die als Trinkhörner dienten.

Kein germanisches Volk lebte jedoch von der Jagd allein. Archäologische Untersuchungen von Siedlungsplätzen ergaben einen Anteil der Jagdtierknochen an der Gesamtknochenmenge von bloß 1–8 %, – der Rest stammte von Haustieren. Wer Fische und Getreide hatte, lebte gut, ließ Theoderich der Große (Frage 88) den Venezianern ausrichten. Mit den Fischen, die an der königlichen Tafel zu Ravenna gereicht wurden, will man heute ihr einstiges Vorkommen bestimmen und so die Grenzen des italienischen Gotenreichs abstecken.

Die Westgoten jagten in ihrer neuen südfranzösischen Heimat zu Pferd, mit dem Jagdfalken und dem Bogen. Nicht bloß der König, zu dessen Repräsentationspflichten die Jagd gehörte, sondern auch seine Großen übten das edle Waidwerk mit solcher Leidenschaft, daß es in einem Fall sogar des Gebets eines starken Heiligen bedurfte, um das Wild samt der ungebetenen Jagdgesellschaft zu verscheuchen. Sonst hätten die gotischen Herren, die es offensichtlich Asterix und Obelix gleichtun wollten, die an Wildschweinen reiche Gegend um Arles völlig ruiniert. Kein Wunder, daß der Jagdunfall eine der häufigsten Todesursachen der großen Herren war. So wird von Chlodwigs (Frage 90) Enkel Theudebert berichtet, er sei bei einer Auerochsenjagd ums Leben gekommen.

Seit dem 6. Jahrhundert versuchten die Frankenkönige das allgemeine Jagdrecht zu beschränken und kamen damit dem Naturrecht all derer in die Quere, die aus und von dem Wald lebten, ja auf ihn so sehr angewiesen waren, daß sie ohne ihn nicht überlebt hätten. Die hohe Jagd auf das «Schwarzwild», auf Bären und Eber, Rothirsche, «Schelche und Elche», Wisent und Ur, wurde in verstärktem Maße vom König und denjenigen beansprucht, denen der Herrscher Forstrecht und Wildbann verliehen hatte. Auch Fischfang und Biberfang wurden grundherrschaftlich geregelt und unter besondere Aufsicht

Abb. 3: Skythischer
Heiler beim Anlegen
eines Verbands

gestellt. Kein herrschaftliches Vorrecht war hingegen die Wolfsjagd;
sie wurde allen zur Pflicht gemacht, da die Wolfsplage ständig Mensch
und Vieh bedrohte.

21. Gab es eine germanische Heilkunde? Eine Geschichte der
Germanen gibt es, seitdem mediterrane Autoren gemäß ihrem Er-
fahrungshorizont über sie berichten. Daher ist das «urtümlich» Germanische schwer zu isolieren; zumeist stehen römische und nicht-
römische Erfahrungen nebeneinander. Das gilt selbstverständlich
auch für die Darstellung barbarischer Ärzte, die vorwiegend Heiler
waren. Diese arbeiteten mit Kräutern, Handauflegung und der
Krankheitsbesprechung. Im Gotischen ist der Arzt «der die Krankheit Besprechende», der *lekeis*. Die slawischen Bezeichnungen für Arzt
und Apotheke(r) leiten sich davon her. Als Theoderich der Große
(Frage 88) 493 seine Herrschaft über Italien antrat, hat er sich auch
um die Schulmedizin und die Ärzte gekümmert, das heißt ihre römischen Organisationsformen anerkannt und fortgeführt. Ein griechi-

scher Arzt war mit ihm in den Westen gezogen, ging dann weiter ins Frankenreich, wo er einen Traktat über Nahrungsmittel und Diätvorschriften verfaßte. Ihren Namen nach waren die Ärzte, die sich nur die frühmittelalterliche Oberschicht leisten konnte, noch lange römischer und nicht zuletzt jüdischer Herkunft; erst allmählich finden sich unter ihnen auch Träger germanischer Namen. Während die kräuterkundigen Frauen, die *herbariae*, zu Zauberinnen und Hexen verkamen, stammt unser Wort für den Mediziner von den Vertretern der antiken Schulmedizin, indem aus dem griechischen *archíatros*, dem Erzarzt, der Arzt wurde. Es wäre heute verkehrt, diese Entwicklung umzudrehen und – der Erfolge der modernen Schulmedizin überdrüssig – im Krebsgang zurück zu den Heilern zu gehen.

Lebenswelten

22. Was bedeuteten Kindheit und Jugend bei den Germanen? Nach Tacitus wuchsen Mädchen und Buben gemeinsam und in unbeschwerter Natürlichkeit auf. Dies galt für die Kinder der Freien wie die der Unfreien; sie lebten nicht voneinander getrennt. Mit diesen Worten erinnert Tacitus (Frage 15) wieder einmal an die gute alte Zeit Roms, hatte doch Catos Frau angeblich die eigenen wie die Sklavenkinder gestillt. Die Germanen kannten auch keine grausame Geburtenkontrolle, das heißt ein nachgeborener Sohn wurde nicht getötet, wenn bereits ein Erbe vorhanden war. Was Tacitus hier positiv hervorhebt, war angesichts der großen Kindersterblichkeit, die in barbarischen Gesellschaften herrschte, ein Gebot der Selbsterhaltung. Was die sexuelle Enthaltsamkeit der jungen Männer bis zum 20. Lebensjahr betraf, übertrug Tacitus eine Forderung des Pythagoras auf die Germanen. Da Chlodwig I. (Frage 90) bei seinem Tode mit 45 Jahren bereits Großvater eines etwa 15jährigen Enkels war, dürfte es mit seiner und seines Sohnes sexueller Enthaltsamkeit nicht weit her gewesen sein. Allerdings soll schon Chlodwigs Vater eine Thüringerkönigin durch die ganze Welt nachgereist sein, weil er entsprechend «tüchtig» war.

Selbstverständlich trügt das idyllische Bild der taciteischen *Germania* für den Einzelfall wie im allgemeinen: Viele Kinder starben während des ersten Lebensjahrs. Anthropologische Untersuchungen an Skeletten zeigen, daß nicht wenige Kinder und Jugendliche mehr Hungerjahre als Zeiten normaler Ernährung hinter sich hatten, bevor sie einen frühen Tod fanden. Kinder und ihre Mütter folgten den Kriegern in die Schlacht und wurden bei deren ungünstigem Ausgang versklavt oder getötet; so geschehen beim Untergang der Kimbern und Teutonen (Frage 68) oder nach der Niederlage des Ariovist (Frage 80). Zu Kaiser Mark Aurel (161–180) kam eine wahrscheinlich quadische Gesandtschaft, die ein zwölfjähriger König anführte. Nach römischen wie heutigen Begriffen war dieser Verhandlungsleiter ein Kind, nach vielen germanischen Rechten jedoch ein volljähriger Mann, der für seine Taten und Untaten geradestehen mußte und etwa in Blutrachefällen (Frage 30) Täter wie Opfer sein konnte. Das Leben eines Germanen war kurz, seine Kindheit noch kürzer.

Die Söhne der Oberschicht mußten oftmals ohne Väter aufwachsen, sei es, daß diese ständig unterwegs, sonstwie verhindert oder bereits tot waren. Ziehväter traten an ihre Stelle und lehrten die Jungen das Kriegshandwerk und die Herrenpflichten im Frieden. Mögen sie auch niedrigerer Herkunft gewesen sein, behielten sie doch nicht selten großen Einfluß auch noch auf ihre erwachsenen Ziehsöhne. Der erste Westgotenkönig Alarich I. (Frage 85) hatte einen Ziehvater, den er allerdings in der überlieferten Szene nicht gut behandelte, weil er ihm als einziger im Kriegsrat widersprach. Doch hätte ein anderer dies auch schwerlich gewagt.

Weniges wird von Initiationsriten überliefert. So sollen diejenigen jungen Eruler, die unter die Krieger aufgenommen werden wollten, ohne Schutzwaffen in den Kampf gezogen sein, um sich dabei einen Schild zu erbeuten. Diese Geschichte ist mit ein Grund für die Annahme, die Eruler seien zunächst ein Kriegerbund gewesen. Ein «normales» Volk hätte seinen Nachwuchs nicht solchen Gefahren ausgesetzt. Dafür spricht auch der Erulername, der dem englischen Eorl oder skandinavischen Jarl verwandt ist und daher ein Mitglied der Oberschicht meint. Schließlich wird den Erulern von einem griechischen Autor Päderastie nachgesagt, doch wird das gleiche auch von den Taifalen berichtet, die im 4. Jahrhundert mit den Westgoten nördlich der unteren Donau vergesellschaftet waren. Erst die Erlegung eines Bären oder Ebers habe den jungen Taifalen von dieser «Unreinheit» befreit. Vielleicht spiegelt die Nachricht die Erinnerung an einen «Gedenkzauber», der im Rahmen der taifalischen Jünglingsweihe vollzogen wurde. Wie sehr alle diese Nachrichten zu verallgemeinern sind, ist ebenso unklar, wie der taciteische Bericht, wonach Homosexuelle im Sumpf versenkt wurden.

23. War eine geringere Wertschätzung des Alters «typisch» germanisch? Zu unterscheiden ist, ob das individuelle oder das Alter eines Geschlechts oder eines Volkes gemeint ist. Die lange Ahnenreihe der Amaler (Frage 61) begründet ihren ersten Rang unter den Königsgeschlechtern der Zeit. Ursprung und Dauer eines Volkes ist das Werk von Königen; je höher das Alter der Reihe, desto länger sein Leben. Was jedoch das individuelle Menschenalter betrifft, ist die Sprache der Quellen widersprüchlich. Tacitus meint (Frage 15), je mehr Blutsverwandte und Verschwägerte ein Germane hat, desto mehr wird er im Alter geehrt. Auch nennt er das Alter eines germanischen Fürsten als erstes Kriterium seines Ranges, und zwar noch vor seinem Adel, kriegerischem Erfolg und seiner Beredsamkeit. Wulfila übersetzte den jüdischen Ältesten mit dem entsprechenden Superlativ *sinista*, und die gleichzeitigen Burgunder kannten sehr wohl einen monarchischen Ältesten, den *sinistus*, der auf Lebenszeit priesterliche Funktionen ausübte und sich nicht «wie die Könige» für Unglücksfälle verantworten mußte. Die Tötung von Alten und Kranken wird Goten (Frage 70) und Erulern zugeschrieben; doch spricht eine solche Vorgehensweise nicht gegen den sozialen Rang des Alters, da die Tötung nicht als bloßes Beseitigen, sondern rituell erfolgte. Am Hof Attilas fand 448/49 ein Gastgelage statt, wobei der byzantinische Gesandte Priskos folgende Szene festhielt: «Bei Einbruch der Dunkelheit wurden Fackeln entzündet. Zwei Barbaren traten vor Attila und trugen Lieder vor, die seine Siege und Tapferkeit priesen. Alle Gäste schauten auf die beiden Sänger; die einen erfreuten sich am Gesang, die anderen begeisterten sich im Gedenken an die Kriege, die sie mitgemacht hatten, und wieder andere vergossen Tränen, weil sie altersschwach geworden waren und ihren Mut nicht mehr beweisen konnten.» Demnach waren auch alte Krieger zum Gastmahl geladen. Obwohl sie «nutzlos» geworden waren, «muß man sie wegen ihrer früheren Taten mit Recht für ehrwürdig halten». Das sind die Worte, mit denen Theoderich der Große (Frage 88) den vornehmen Goten Starcedius vom Militärdienst entpflichtete. Der alt und krank gewordene Mann möge seinen Lebensabend in Ruhe genießen; er müsse aber verstehen, daß sein Ruhegenuß um das Donativ (Frage 57) ge-

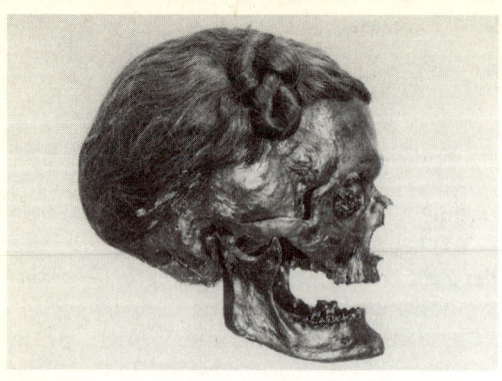

Abb. 4: Moorleiche von Osterby mit suebischem Haarknoten

kürzt würde. Ob Zufall oder nicht, der gotische Starcedius hat einen Namensvetter in der viel jüngeren skandinavischen Heldensage. Dieser Starkad wird uralt, weil ihm sein Erzieher Odin drei Menschenalter verlieh. Allerdings blieb dieses Geschenk von Thor, dem Gott der «Normalität», nicht unwidersprochen. Er belegte Starkad mit dem Fluch der Kinderlosigkeit und der Bestimmung, in jedem Menschenalter ein «Neidingswerk», eine unwürdige, gemeine Tat, zu begehen. Man sieht, Altwerden ist auch im besten Fall kein Segen, weil es den Neid der Götter erregt.

Tacitus zufolge haben hervorragende Abkunft und besondere Verdienste der Vorfahren selbst junge Männer befähigt, nicht bloß in eine nach Rängen gegliederte Gefolgschaft (Frage 41) aufgenommen zu werden, sondern darin auch ältere Gefolgsleute zu überflügeln. Im Krieg des ganzen Volkes gegen die Römer spielte Inguomer neben seinem Brudersohn Arminius (Frage 81) kurzzeitig eine führende, wenn auch wenig ruhmreiche Rolle. Als jedoch Arminius zum Gefolgschaftskrieg gegen Marbod (Frage 84) rüstete, verließ der Onkel den Neffen mit seinen Leuten, weil er als Älterer dem Jüngeren nicht gehorchen wollte. Er hätte es jedoch müssen, wäre er geblieben. Insgesamt dürfte das Alter daher im Germanischen nicht die gleiche Bedeutung wie bei anderen Völkern gehabt haben. Der *sinista/sinistus* ist nicht mit einem Geronten, Senator oder Starosten zu vergleichen. Die Angabe, der Gotenkönig Ermanerich sei 376 im biblischen Alter von 110 Jahren gestorben, ist *interpretatio Christiana* des römischen Autors der «Gotengeschichte» (Frage 16) und wird durch einen zeitgenössischen Bericht widerlegt. Der Mann mit Suebenknoten (Frage 27) aus dem Moor von Osterby wurde zwischen 50 und 60 Jahre alt. Den schriftlichen Quellen läßt sich über das individuelle Lebensalter so gut wie nichts entnehmen, es sei denn, es handelte sich um Wulfila oder Mitglieder der Königshäuser. Der Gotenbischof wurde ungefähr 72, Theoderich der Große 75 Jahre alt. Alarich I. starb dagegen schon mit etwa 40, Chlodwig I. mit 45 Jahren. Aber weder das höhere noch das niedere Alter wird von den Autoren hervorgehoben oder bedauert.

24. Was weiß man von den germanischen Frauen? Zunächst ein wenig Etymologie: Das deutsche Wort «Frau» ist die weibliche Form von *frô*, gotisch *frauja*, und meint die Herrin, und zwar die Herrin des Hauses, der Familie und des Gesindes. Demnach hat der heutige Begriff viel von seiner einstigen Bedeutung verloren. Umgekehrt stieg das gotische Wort *qino*, wie die Ehefrau in der Bibelübersetzung (Frage 51) genannt wird, zur *Queen* Großbritanniens auf. Das Wort «Weib» hat eine in jeder Hinsicht zweifelhafte Grundbedeutung, und selbst sie ist in der Wissenschaft umstritten. Auf das Verhältnis von Mann und Frau läßt die Verwendung des grammatischen Geschlechts schließen: Treten sie gemeinsam auf, dominiert in älteren germanischen Sprachen – anders als im Latein – nicht das Maskulinum das Femininum, sondern steht das Ne-Utrum, das heißt, keines der beiden Geschlechter hat einen Vorrang.

Die Würdigung historischer Frauendarstellungen krankt ganz allgemein an der trivialen, aber gerade deswegen leicht übersehenen Tatsache, daß sie von Männern verfaßt oder gestaltet wurden. Wenn daher antike Autoren über Germaninnen berichten oder antike Künstler sie abbilden, spiegelt ihre Darstellung das widersprüchliche Frauenbild ihrer eigenen Welt und ist mehr von den Gemeinplätzen der Rhetorenschule als von der fremden Wirklichkeit bestimmt. So sind auch die taciteischen Beschreibungen germanischer Frauen widersprüchlich und unvollständig (Frage 15). Die entsprechenden Kapitel der *Germania* sind derart kulturkritisch gestaltet und als Gegenbeispiel für die Frauen der römischen Oberschicht gedacht, daß man sich heute wundert, wie sehr und wie lange der taciteische «Spiegel» für bare Münze genommen wurde. Sicher, die Hochstilisierung des «teutschen Weibes» als keusche, kinderreiche Hausfrau, die bis zum eigenen Untergang als treue und duldende Gefährtin ihrem Manne folgte, gefiel der Welt des aufsteigenden Bürgertums im 18. und 19. Jahrhundert mit seinen nationalistischen Allüren und seiner gesellschaftlichen Doppelmoral. Man denke etwa an die Verherrlichung der harten Bestrafung der Ehebrecherin, die Tacitus so farbenprächtig schildert. Auch schienen antike Plastiken wie die Marmorfigur einer trauernden Germanin, die «edle Einfalt und stille Größe» der germanischen Frau zu beweisen. Kein Wunder, daß die Gestalt als Thusnelda (Frage 83) gedeutet wurde, zumal die Frau des Arminius (Frage 81) die erste namentlich bekannte Germanin war. Aber heute liest man die Überlieferung anders.

Nehmen wir ein Beispiel: Das hohe Ansehen bestimmter Germaninnen und die Wertschätzung ihrer persönlichen Integrität dürften tatsächlich historische Realität gewesen sein (Frage 15). Von den Germanen, die sich Rom vertraglich unterwarfen, forderte Augustus daher die Stellung weiblicher Geiseln. So würden die Abmachungen eher eingehalten, als wenn sie Männer garantierten. Offenkundig hatte der Kaiser erfahren, daß die germanischen Völker aus demselben Grund untereinander «edle Mädchen» als Geiseln forderten und gaben. Aber es waren eben ganz bestimmte Germaninnen, wie das Eigenschaftswort «edel» beweist. Die antike Ethnographie handelte von den germanischen Frauen der Oberschicht und verallgemeinerte deren Lebenswelten, als wären sie allgemein gültig gewesen. Die überwiegende Mehrheit der weiblichen Bevölkerung, ob nun Freie oder Unfreie, hatten aber wie ihre Männer schwer für den täglichen Unterhalt zu arbeiten. Derartige Lebensbedingungen bewirken ein gewisses Maß an praktischer Gleichberechtigung zwischen den Geschlechtern. Möglich, daß Tacitus diese Gleichberechtigung darin bestätigt fand, daß er Männern und Frauen die gleiche Tracht zuschrieb und bei der Eheschließung einander Waffen geben ließ. Eine Annahme, die die Archäologie und die bildende Kunst eindeutig widerlegen. Unrichtig ist auch die taciteische Behauptung, die germanische Frau habe nur eine Ehe geführt, womit der Autor wieder bloß ein Ideal der römischen Vergangenheit beschwor. Wiederverheiratungen sind vielfach belegt, während die Witwentötung wie die Altentötung (Frage 23) nur den Erulern zugeschrieben wird. Auch gibt es Nachrichten von Sklavinnen, die ihren Herren (freiwillig?) in den Tod folgten. Die entsprechenden Bestimmungen der Rechtskodifikationen (Frage 34) benachteiligten Erbinnen gegenüber Erben. Die Rechtswirklichkeit sah freilich mitunter anders aus. Ein Jahr nach dem Untergang des afrikanischen Vandalenreichs im Jahre 534 stellten diejenigen Vandalinnen, die in der Zwischenzeit römische Solda-

Abb. 5: Römische Plastik einer Germanin, 1. Jh. n. Chr., sogenannte Thusnelda

ten geheiratet hatten, über ihre neuen Männer Ansprüche auf die Landlose ihrer toten vandalischen Väter und Ehemänner. Urkunden des 8. Jahrhunderts bezeugen, daß Langobardinnen, die nach dem Gesetz kein Land besitzen durften, über dieses sehr wohl verfügen konnten.

Schon bei der Vernichtung der Kimbern und Teutonen 102/101 v. Chr. (Frage 68) mußten die Römer mit Entsetzen erkennen, daß deren Frauen mitkämpften, ihre Kinder opferten und sich schließlich selbst töteten. Spätestens um 400 erzählte man sich eine Geschichte von zehn Gotinnen, die bei einem kaiserlichen Triumphzug mitmarschiert seien und denen – gleichsam wie beim Einzug der Nationen ins Olympiastadion – eine Tafel mit der Aufschrift «Amazonen» vorangetragen wurde. Sie sollen die Überlebenden einer Abteilung von Frauen gewesen sein, die mit ihren Männern gemeinsam gegen

Abb. 6: Römische Plastik, 2. Jh. n. Chr., gefangener Barbar mit seiner Frau

die Römer gekämpft hatten und dabei gefangen wurden. Kein Wunder, daß man den Gotinnen bald darauf die Errichtung einer mythischen Weiberherrschaft in der Vorgeschichte ihres Volkes zuschrieb. Die Amazone war eine Gestalt des vorzeitlichen Mythos, den es zu überwinden galt, sollte Zivilisation möglich werden (Frage 67). Daher war man das ganze Mittelalter hindurch bis in die Neuzeit auf der Suche nach den Amazonen, denen schließlich der größte Strom der Erde seinen Namen verdankte. Die auf totale Gleichberechtigung pochende Kriegerin versinnbildlichte eine «verkehrte Welt». Die «richtige Welt» unterschied dagegen zwischen Mann und Frau, zwischen verheirateter Frau und Jungfrau, zwischen Bub und Mädchen, zwi-

Abb. 7: Marcussäule, Relief, 2. Jh. n. Chr., Überfall auf ein germanisches Dorf

schen ungeborenem und eben geborenem Kind. Derartige Grundsätze beruhen wie die Hochachtung der Ehre (Frage 28) auf Überzeugungen einer vergangenen Welt. Jeder Mann ist heute gut beraten, sie dort zu belassen, wo sie Teil einer Lebensordnung waren.

25. Wie sahen die Germanen aus? Die meisten bildlichen Germanendarstellungen folgen Extremen: Entweder idealisieren sie ihren Gegenstand oder sie verzerren ihn, da sie dem Barbarentopos unterliegen. So folgten sie eingeführten Konventionen, um Menschen bildlich darzustellen, die nicht den eigenen kulturellen Vorstellungen entsprachen. Wie die Kelten verkörperten aber die Germanen das römische Schönheitsideal. Sie gelten als blond und blauäugig, groß und schlank; nur die Hunnen sind häßlich, weil sie die Söhne von bösen Geistern und gotischen Hexen sind. Bei aller Schönheit sind die Germanen freilich furchtbar schmutzig, obwohl sie sich beim

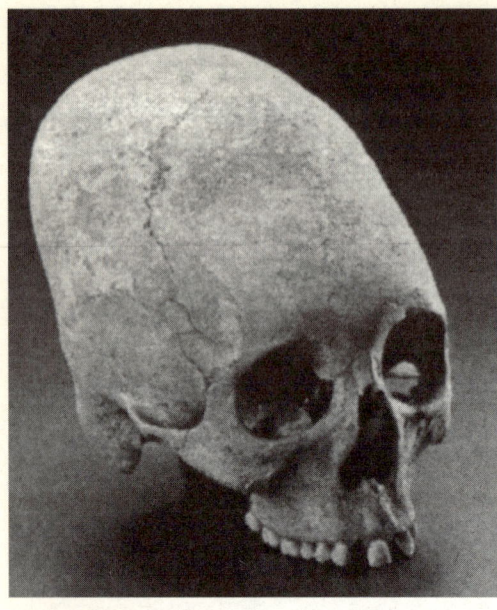

Abb. 8: künstlich deformierter Schädel, 5. Jh. n. Chr., Kirchheim/Neckar

Aufstehen meistens mit warmem Wasser waschen, sagt Tacitus (Frage 15), während Caesar (Frage 14) sie nur in kalten Flüssen baden läßt. Sie tragen Felle, Pelze und im Unterschied zu den Römern nach Skythenart lange Hosen. Sie reiben ihre Haare mit ranziger Butter ein, so daß sie streng riechen. Unerschöpflich ist ihre Manneskraft, weil sie nicht vor dem 20. Lebensjahr Geschlechtsverkehr haben. Daher bekommen sie viele Kinder. Sprichwörtlich ist die germanische Trunksucht: «Sie soffen wie die Goten», schreibt Papst Gregor der Große (590–604). Schriftliche, bildliche und anthropologische Befunde ergeben jedoch in einem Punkt ein erstaunlich gleichbleibendes Bild – die Germanen waren gegenüber ihren mediterranen Zeitgenossen tatsächlich hochwüchsig. Die Männer maßen 170 bis 180, die Frauen 160 bis 165 cm, obwohl der anthropologische Befund im einzelnen starke Abweichungen ergibt. Das gleiche gilt für die Robustheit der Germanen und ihre überwiegend schmalen Schädelformen. Nicht bestätigen kann die Anthropologie selbstverständlich die weit verbreitete Überzeugung antiker Schriftsteller, wonach die Germanen alle langbärtig gewesen seien. Die bildlich und literarisch überlie-

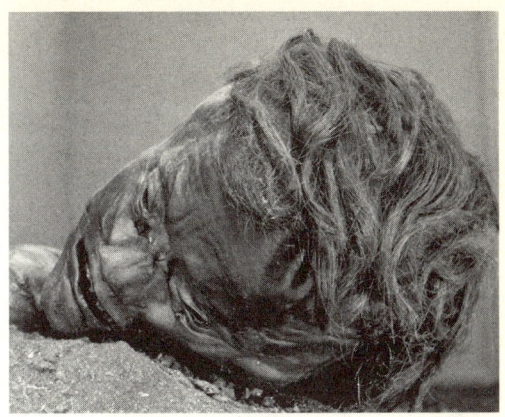

Abb. 9: Moorleiche
aus Jütland,
um 500 n. Chr.

ferte Barttracht sollte wohl eher allgemein den Germanen als Barbaren kennzeichnen, als stets die Wirklichkeit wiedergeben. Auch hätte der antike Stammesname «Langobarden» (Langbärte) (Frage 47) nicht als Unterscheidungsmerkmal für dieses Volk getaugt, wenn alle Germanen die gleichen Rauschebärte getragen hätten. Wodan-Odin (Frage 44) wird allerdings als langbärtiger Gott beschrieben, und so könnte die Zuordnung zu seiner Gefolgschaft (Frage 41), die nicht bloß für die Langobarden überliefert wird, sondern auch noch in der Wikingerzeit weit verbreitet war, zur Verallgemeinerung der Langbärtigkeit geführt haben. Die Wikinger-Darstellungen kommen jedenfalls nicht ohne lange Bärte aus, und zwar auch im eigenen skandinavischen Siedlungsraum.

Die gotischen Völker, die Burgunder, aber auch die westgermanischen Thüringer, Alemannen und Vorläufer der Bayern nahmen in der Zeit, da die Hunnen (Frage 72) ihr mitteleuropäisches Reich errichtet hatten, den Brauch der künstlichen Schädeldeformation an. Diese sollte wohl eine gewisse Sonderstellung der Betroffenen ausdrücken. Bereits im 4. vorchristlichen Jahrhundert hatte die griechische Ethnographie die skythischen Makrokephalen, Langköpfe, entdeckt: Am Asowschen Meer würden den Neugeborenen durch Drücken mit den Händen und Anlegen von Binden die rundliche Form des Kopfes verändert und seine Länge vergrößert. Bei diesen Völkern galten nämlich langköpfige Menschen als die edelsten und vornehmsten Stammesmitglieder. Offenkundig wurde dieser Brauch auch im Hunnenreich geübt und selbst von den Germanen an dessen Rändern übernommen. Er ist archäologisch für das 5. und 6. Jahrhundert besonders an Donau, March und Theiß, an der oberen und unteren Elbe, im Rhein-Main-Gebiet sowie zwischen Saône und oberer Rhône nachgewiesen.

26. Was wissen wir über die Moorleichen? Mit den schriftlichen Berichten und bildlichen Darstellungen stimmen anthropologisch auszuwertende Funde aus den Mooren Norddeutschlands und Jütlands überein. Diese Moorleichen gehören, soweit es sich nicht um Unfälle handelt, vornehmlich der germanischen Frühzeit bis ins 2. nachchristliche Jahrhundert an. Die Moore konservierten auch die Weichteile fast nach Art des im Permafrost erhalten gebliebenen «Ötzi», obwohl bisher kein ihm vergleichbarer Gesamtkörper gefunden wurde. Viele Moorleichen, Männer, Frauen und Kinder zeigen Spuren von Gewaltanwendung vor ihrer Versenkung im Moor. Einer der Toten wurde stranguliert, erstochen, erschlagen und erhielt darüber hinaus einen glatten Kehlschnitt. Der Tollund-Mann, die am besten erhaltene Moorleiche, wurde eher erdrosselt als erhängt, was gegen eine vielfach angenommene vorherige Hängung als Selbstopfer an den Hängegott Wodan spricht (Frage 44). Manche der Leichen wurden zusätzlich mit einem Flechtwerk aus Zweigen bedeckt. Diese besondere Art der Bestrafung wird bezüglich der männlichen Individuen durch Tacitus (Frage 15) bestätigt, wonach die Germanen «Feiglinge, Kriegsdienstverweigerer und körperlich Geschändete im Schlamm der Sümpfe versenken» und überdies mit Holzwerk festmachen. Dadurch sollten wohl Wiedergänger gebannt werden, das heißt, in die Welt der Lebenden zurückkehrende und daher gefährliche Tote, darunter auch im Kindbett gestorbene Frauen sowie schädliche Leute, Zauberer und Nekromantiker. Zauberei ist die Ausübung eines von der Stammesmehrheit nicht geduldeten Kultes, worauf aber in der Völkerwanderungszeit, wie auch auf Inzest, eher die Verbannung als die Todesstrafe stand.

27. Was war der Suebenknoten? Erhaltene behaarte Schädel von Moorleichen (Frage 26) bestätigen die zahlreichen bildlichen Darstellungen eines bestimmten Haarknotens als germanisch-barbarische Haartracht. Tacitus schränkt zwar die Sitte auf die freien Sueben ein und sieht es als prestigeträchtiges Stammesmerkmal, das andere Völker nachahmten. Aber nicht alle antiken Autoren beur-

Abb. 10: Kessel von Mušov, 2. Jh. n. Chr. Büste eines Mannes mit suebischem Haarknoten

teilten diese Haartracht positiv, sondern eher als barbarische Entgleisung: «Es wäre freilich ungerecht, die Fehlentwicklung einer Allgemeinheit einem einzelnen zum Vorwurf zu machen. Unter den Äthiopiern fällt einer wegen seiner (schwarzen) Farbe nicht auf, und bei den Germanen ist es keine Schande, rotes Haar in einem Knoten zusammenzubinden», sagt der Philosoph und Dichter Seneca (um 4–65 n. Chr.).

28. Was bedeutete die Ehre?   Die Ehre, lateinisch der *honor*, eines Menschen war zunächst seine totale Integrität, seine Unverletztheit in körperlicher wie geistiger, in materieller wie ideeller Hinsicht. Ehre war aber auch das, was die Eliten besitzen mußten, um in einem vielfältigen sozialen, ökonomischen und politischen Beziehungsgeflecht ihren Platz einnehmen, behaupten, ja verbessern zu können. Honor war schließlich das, womit man geehrt wurde. Dazu zählten ererbtes

Eigentum und Besitz an Grund und Boden, Land und Leuten, geistliche und weltliche Würden und Ämter, ab dem 8. Jahrhundert auch Lehen. Besser als *honoratus*, Geehrter, zu sterben, denn als *dishonoratus*, als Entehrter, zu leben, heißt es. Kaiser Tiberius (14–37 n. Chr.) bot dem gestürzten Markomannenkönig Marbod (Frage 84) in Italien einen «sicheren und ehrenhaften Wohnsitz» als Aufenthaltsort an. Marbod nahm an, lebte noch 18 Jahre in Ravenna, verlor aber viel von seiner Ehre, weil er, meint Tacitus, das Leben zu sehr liebte. Wer Ehre hat, ist heil und besitzt Heil. Wer ehrlos wird, wird heillos, er wird «feig», das heißt, er ist dem Tode geweiht. Die Ehre ist stets von der Unehre bedroht, die eine üble Tat oder Beschimpfung (Frage 29) auslösen können. Gleichgültig ob man Objekt oder Subjekt der üblen Handlung ist, sie verlangt nach Rache. Wahrscheinlich verhinderte Germanicus (Frage 94) selbst die Erreichung seines Kriegsziels, Germanien bis zur Elbe wieder zu unterwerfen, als er die eigentlichen Kämpfe im Jahre 15 n. Chr. durch zwei Unternehmen mit scheinbar spektakulärem Erfolg einleitete: Er ließ die waffenlosen, um ihr Heiligtum versammelten Marser mit Mann, Frau und Kind niedermetzeln und Thusnelda (Frage 83), die schwangere Frau des Arminius (Frage 81), im Hause ihres Vaters gefangen nehmen. Beides waren Beispiele für unehrenhaftes Handeln, das nach Rache rief und die endgültige Einigung der Arminius-Koalition bewirkte. Daß aber Arminius seine Frau und den in der Gefangenschaft geborenen Sohn nicht von den Römern zurückgewinnen konnte, galt in den Augen seiner Gegner ebenfalls als Ehrlosigkeit, *ignominia*. Selbstverständlich finden sich derartige Vorstellungen nicht nur bei den Germanen; sie sind vielmehr allgemein menschlich und wirken bis heute fort. Ehrenmorde, die heute die Öffentlichkeit mit Recht empören, lehren uns allerdings, daß diese Art der Ehre samt ihrer Bewahrung der Zeit vor der europäischen Aufklärung angehört und daß man sie dort auch tunlichst belassen soll.

29. Was konnte ein Schimpfwort wie *arga* bewirken? Ein Schimpfwort zerstörte ebenso die Ehre (Frage 28) des Beleidigten wie eine Zurücksetzung oder körperliche Verletzung. Im Hildebrandslied nennt der Sohn den Vater, den er bei seiner Rückkehr aus einem langen Exil nicht erkennen noch anerkennen will, einen *arga* und löst damit seinen und seines Geschlechts Untergang aus; denn nun muß der Vater um der Ehre willen mit dem Sohn kämpfen und ihn töten. In seiner Langobardengeschichte, die er vor 796 verfaßte, erzählt der in Friaul geborene Paulus Diaconus eine Geschichte, die sich in seiner Heimat um 700 ereignet haben soll. Der König, der in Pavia saß, setzte über das ferne, aber wegen seiner von Awaren und Slawen bedrohten Grenzen sehr wichtige Herzogtum von Cividale (= Friaul) einen Fremden. Der neue Herzog, der aus dem der langobardischen Zentrale benachbarten Ligurien stammte, begegnete den Leuten von der Peripherie mit dem für solche «Gesandte, aber nicht Geschickte» bis heute üblichen Hochmut. Er wollte den damaligen «Ossis» gleichsam zeigen, wo's lang geht, und wählte als erstes Opfer – es sollte zugleich sein letztes werden – einen *sculdahis* namens Argait. Der Schultheiß verwaltete lokales Königsgut. Darauf Zugriff zu erhalten, war für den landfremden Herzog von großer Bedeutung, so daß zwischen den beiden Männern von vornherein ein grundsätzlicher Interessenkonflikt bestand. Dieser entlud sich, als Argait fliehende slawische «Räuber» nicht einholen konnte und ihn der Herzog deswegen einen nutzlosen Feigling, *arga*, nannte. Bei dieser noch in langobardischer Sprache geführten Kontroverse leistete sich der Herzog zusätzlich die Ungehörigkeit, das Wort *arga* – verwandt mit unserem Wort «arg» – mit Argaits Namen in Verbindung zu bringen. Modern gesprochen, es sei ja kein Wunder, daß Argait ein Feigling sei, heiße er doch auch so. Wenige Tage später ging es wieder um die Abwehr slawischer Eindringlinge, die bereits auf einem Hügel einen befestigten Stützpunkt errichtet hatten. Argait sprengte dagegen auf seinem Streitroß empor und rief dem Herzog und seinen Leuten zu, jetzt möge sich zeigen, wer ein *arga* sei. Die derart angesprochenen Leute mußten ihm folgen und kamen alle mit ihm ums Leben. Mit den Worten «Die ganze Elite Friauls ging dabei zugrunde», beschließt Paulus Diaconus seinen Bericht.

30. Kannten die Germanen die Blutrache? Die Verpflichtung zur Blutrache bestand für jeden rechtsfähigen erwachsenen Mann, wobei «Erwachsensein» bereits das Erreichen des zwölften Lebensjahres (Frage 22) bedeuten konnte. Attilas natürliches Ende (Frage 86) galt als schmählicher Tod, weil ihn niemand rächen konnte. Von Theoderich dem Großen (Frage 88) sind zumindest zwei Fälle bekannt, in denen er Blutrache übte, mag er damit auch in Wirklichkeit bloß politische Morde motiviert haben. Mit der Entrichtung des Wergeldes (Frage 35) sollte die Möglichkeit geschaffen werden, der Sippe des Getöteten die Verpflichtung zur Blutrache gleichsam abzukaufen und den Frieden wiederherzustellen. Daß dies nicht in allen Fällen gelang, belegt die Tatsache, dass Fälle von Blutrache auch noch die kirchliche Gesetzgebung des Mittelalters beschäftigten.

31. Warum gelten das Ende des Arminius, warum der Untergang der Nibelungen als tragisch?

Mit dem Bonmot, daß es zu Recht «Familienbande» heiße, hat der philosophische Sprachmeister Karl Kraus die Widersprüche, die jedes familiäre System beherrschen, auf den Punkt gebracht. Und dennoch sind Verwandte derart aufeinander angewiesen, daß schon der Versuch, die «Familienbande» zu zerreißen, die ernstesten Konsequenzen hat und nach blutiger Rache schreit. Der gleichnamige Urgroßvater Kaiser Konrads II. (990–1039) wütete in einer Schlacht gegen aufständische Lothringer und «erschlug mit eigener Hand eine unglaubliche Zahl von ihnen, weil er durch den Tod eines Blutsverwandten wie ein reißendes Tier ergrimmte». Umgekehrt verleihen Verwandte einander Kraft und Stärke. Für eine von «Verwandtenmoral» und dem «familiären Modell» (Heinrich Fichtenau) geprägte Welt mußte daher die blutige Auseinandersetzung innerhalb eines Sippen- und Geschlechterverbands schlimmste Folgen haben. Verwandtenmord konnte nur tragisch enden, weil die Erfüllung der Racheverpflichtung immer neue Blutrachefälle (Frage 30) erzeugte und es daher kein Mittel gab, den Frieden wiederherzustellen. So würde man meinen, der «Nibelungen Not», das schreckliche, weil unsühnbare Sagen-Ende der Burgunder, könne bloß eine Ausnahme gewesen sein. Tatsächlich herrschte gerade in den Familien der Führungsschichten und Königshäuser ein ständiger Wettstreit um Ehre und Vorrang, ein agonaler Gegensatz, der häufig zu Verwandtenmord führte und vor allem dann aufbrach, wenn es um die Etablierung eines neuen Königtums oder einer neuen Königsfamilie ging. Als Arminius durch die «Heimtücke der Verwandten» fiel, begann sich die Spirale der Gewalt zu drehen, bis der Untergang der cheruskischen Führungsschicht besiegelt war. Von dieser lebte im Jahre 47 n. Chr. nur mehr der in Rom geborene römische Bürger Italicus, Sohn des Arminius-Bruders Flavus. Er trat als König der Cherusker von Roms und der gentilen Nachbarn Gnaden eine wechselvolle Laufbahn an, deren Ende aber keinen Chronisten mehr interessierte. Ob nun der letzte bekannte Cheruskerkönig Chariomerus (erwähnt zwischen 81 und 96 n. Chr.) sein Sohn war oder nicht, bereits nach Italicus waren die einst so mächtigen Cherusker völlig bedeutungslos geworden.

Verfassung und Gesellschaft

32. Aus welchen rechtlich-sozialen Gruppen bestand ein Germanenvolk? Die antiken Ethnographen unterscheiden ebenso wie die frühmittelalterlichen Gesetzeswerke (Frage 34) nach dem König oder den Principes (Frage 39) vier rechtlich-soziale Gruppen: die Sklaven, die Freigelassenen, die nicht viel besser als die Unfreien eingestuft und wie diese von einem Herrn abhängig sind, die Freien, die jedoch keinen einheitlichen Stand bilden, sondern nach Besitz und Herkunft stark differenziert sein können, und die Oberschicht, von der die Wissenschaft nicht weiß, von welcher Zeit an man sie als Adel bezeichnen darf oder ob die Verwendung dieses Begriffs anachronistisch wäre.

33. Was bedeutete die germanische Freiheit? Neben der germanischen Treue wurde mit keinem taciteischen Begriff mehr Schindluder getrieben als mit der germanischen Freiheit, die im 19. Jahrhundert zur deutschen Freiheit mutierte. Was die Geschichtlichkeit des Treue-Mythos betrifft, genügt zu seiner Entlarvung jener Wortwitz, der im spätantiken Rom kursierte: Demnach hießen die Franken deswegen Franken, weil sie lachend die Treue brechen (*fidem frangere*).

Die germanische Freiheit habe in der Varus-Schlacht (Frage 93) gesiegt und damit die deutsche Identität (Frage 66) bewahrt, haben selbst ernsthafte Gelehrte behauptet. Was aber hat Tacitus (Frage 15) unter dieser *libertas* verstanden? In erster Linie den Gegensatz zu *regnum*, wobei der Autor absichtlich den fundamentalen Unterschied verblassen ließ, der zwischen dem germanischen Königtum und der Monarchie der römischen Kaiser bestand. Die germanische Freiheit dulde keine Herrschaft des einzelnen, sei dieser nun Arminius (Frage 81), Marbod (Frage 84) oder Kaiser Augustus gewesen. Die Könige der Gutonen/Goten (Frage 70) brächten das Kunststück zustande, ihre Königsherrschaft nicht auf Kosten der Freiheit auszuüben. Noch der Verfassungstheoretiker Montesquieu (1689–1755) stellt daher in seinem Werk «Über den Geist der Gesetze» die Behauptung auf: «Indem die Goten das Römerreich eroberten, verbreiteten sie überall die Monarchie und die Freiheit.» Daran hat Tacitus selbstverständlich weder denken wollen noch denken können. Vielmehr erinnerte ihn, den Prinzipatskritiker – das heißt de facto Kritiker der Monarchie –, die germanische Freiheit einerseits wehmütig an die verlorene

Freiheit der römischen Republik. Zugleich aber beschwor er andererseits die Gefahr, die dem Imperium Romanum von der germanischen Freiheit drohe; sie sei gefährlicher als alle anderen Bedrohungen des Reichs zusammen. Zu hoffen sei nur, daß sich die Freiheit der Germanen gegen sie selbst kehre und in Zügellosigkeit ausartend zur Vernichtung der Gegner führe. Soweit die Fremdwahrnehmung der Germanen. Im italienischen Gotenreich Theoderichs des Großen (Frage 88) ist von der Freiheit erstmals im Sinne einer Eigenwahrnehmung die Rede. Danach konstituierte die Identität der Goten das homöische Bekenntnis (Frage 50), die *lex Gothica,* und die durch den König abgesicherte sozio-ökonomische sowie rechtliche Freiheit, die *libertas Gothorum.*

34. Kannten die Germanen Gesetze? Solange sich die germanischen Stammesgesellschaften außerhalb des Römerreichs und damit jenseits der Schriftlichkeit befanden, hatten sie keine Gesetze, sondern ein differenziertes, viele Lebensbereiche regelndes Gewohnheitsrecht, von dem Tacitus (Frage 15) meint, es sei besser als anderswo gute Gesetze. Auch schienen dem Autor die Zuständigkeiten für den Vollzug des Gewohnheitsrechts genau geregelt. Mit der Errichtung germanischer Königreiche auf römischem Boden ergab sich für die Könige die Notwendigkeit, das schriftliche römische Recht auf regionaler Ebene weiterzuentwickeln und den geänderten ethnisch-politischen Herrschaftsverhältnissen anzupassen. Zuerst stellte sich dieses Problem den südgallischen Westgoten (Frage 70), deren Könige sehr bald nach der Ansiedlung im Jahre 418 mehrfach erb- und vermögensrechtliche Bestimmungen in schriftlicher Form (Edikte) veröffentlichten. Vollgültige Gesetze erließ um 475 erst der Westgotenkönig Eurich (466–484) und brach damit in kaiserliche Vorrechte ein. Ob das heute als *Codex Euricianus* geltende Gesetzeswerk in der erhaltenen Form den Namen zu Recht trägt oder erst aus der Zeit von Eurichs Sohn Alarich II. (484–507) stammt, ist nicht zu sagen. Jedenfalls diente der *Codex Euricianus* noch den Gesetzeswerken der Alemannen und Bayern, die im 8. Jahrhundert entstanden, als Vorbild.

Dem westgotischen Beispiel folgten in Gallien die Burgunder und in Italien Theoderich der Große (Frage 88), der aber als «getreuer» Stellvertreter des Kaisers bloß Edikte erließ. Bald nach seinem Sieg über die Westgoten (507) fühlte sich Chlodwig I. (Frage 90) stark genug, um mit seinem Frankenrecht, genauer, mit dem Recht der salischen Franken, der *lex Salica,* seine Eigenständigkeit als Gesetzgeber zu demonstrieren. Im Süden Frankreichs blieb aber das gotische Recht bis zum Ende des Hochmittelalters aktuell. So wurden die Goten der Languedoc nach 711, nach dem Untergang des spanischen Westgotenreichs, keine Sarazenen, sondern blieben Christen und wurden Angehörige des Frankenreichs, weil ihnen der erste Karolingerkönig Pippin (751–768) ihr herkömmliches Gotenrecht garantierte.

Das frühmittelalterliche Recht beruhte auf einer prinzipiellen Ungleichheit. Es unterschied rigoros zwischen Christen und Nichtchristen, zwischen den Angehörigen der einzelnen Völker, zwischen Mann und Frau, die sich so lange doppelten Schutzes erfreute, als sie sich nicht wie ein Mann mit Waffen wehrte, zwischen verheirateter Frau und Jungfrau, zwischen Bub und Mädchen, zwischen Ungeborenem und eben Geborenem, zwischen diesem und dem bereits getauften Kind.

35. Was wurde mit der Zahlung des Wergeldes bewirkt? Den Kern der frühmittelalterlichen Rechtsbücher bildeten Bußtaxenkataloge, die Strafe und Ersatz für materielle Schädigung wie für immaterielle Kränkung (Fragen 28 und 29) mischten; so entstand eine Rechtsordnung, die als Kompositions- oder Kompositionensystem bezeichnet wird. Mit der Zahlung des Wergeldes, des Manngeldes, sollte dem Geschädigten sein Recht auf Rache, das heißt die Fehde, gleichsam «abgekauft» werden. Allerdings blieben Leistung wie Annahme der Buße keine bloße Privatsache: Man begnügte sich nicht mit der Wiedergutmachung und Aussöhnung zwischen den Geschädigten und den Schädigern, sondern verlangte auch eine Fiskalbuße, die der Obrigkeit – dem König oder den Fürsten – und dem Richter zustand. Daher förderte der Gesetzgeber alle Ansätze, die neben dem Schadenersatz die Vorstellung von Sühne und Strafe betonen. So kam es zur Festsetzung einer Buße, die das Mehrfache des Schadens betrug. Zudem mußte die Obrigkeit versuchen, die Annahme der Buße und damit den Fehdeverzicht zu erzwingen. Grundlage der Buße bildete das Wergeld, das vom unterschiedlichen gesellschaftlichen «Wert» einer Person bestimmt wurde.

36. Kannten die Germanen die Demokratie? Nein, und zwar – legt man unseren heutigen Demokratiebegriff zugrunde – genausowenig wie die antiken Griechen, obwohl das Wort griechisch ist, Volksherrschaft heißt und von keinem geringeren als Aristoteles als eine der drei Staatsformen definiert und beschrieben wurde. Entscheidend ist aber, daß in der Antike, im Mittelalter und lange noch in der Neuzeit unter «Volk» selbst in der westlichen Welt eine bevorrechtete, zumeist, obgleich nicht immer, adelige Minderheit verstanden wurde. In der modernen Demokratie geht jedoch das Recht von einem Volk aus, das die Gesamtheit aller erwachsenen Staatsbürger umfaßt, denen das allgemeine passive und aktive Wahlrecht zusteht, und zwar gleichgültig ob Mann oder Frau.

37. Gab es eine germanische Volksversammlung? Die ursprüngliche Mitwirkung des Volkes in Waffen an der politischen Willensbildung war keine germanische Besonderheit. Auch gab es sowohl allgemeine wie regionale und lokale Volksversammlungen. Caesar und Tacitus (Fragen 14 und 15) berichten von der germanischen Volksversammlung als den Ort, wo man über Recht und Gericht, Krieg und Frieden (Heeresversammlung), aber auch über militärische Gefolgschaftsunternehmen einzelner entschied. Allerdings wurde die Beschlußfassung durch den König oder eine Mehrheit von Fürsten vorbereitet und den erschienenen freien Kriegern bloß zur Zustimmung oder Ablehnung vorgelegt. Dabei sprachen der König oder die Fürsten in einer Reihenfolge, die ihrem Rang entsprach. Die Versammlung stimmte durch Zusammenschlagen der Waffen zu (die entsprechenden Fachausdrücke haben sich im Angelsächsischen und Skandinavischen erhalten) und lehnte durch Murren ab. Die Versammlung, für die in den germanischen Volkssprachen der Name «Ding, Thing» überliefert wird, fand an bestimmten Tagen bei Neu- und Vollmond statt. Tacitus (Frage 15) zufolge geboten den Dingfrieden die Priester, die auch die Strafgewalt besaßen, diesen Frieden zu schützen. Sehr bald versuchten die Römer, Einfluß auf die Volksversammlungen bei den grenznahen Völkern zu gewinnen, ja diese zu kontrollieren. So verboten sie den Kriegern eines Volkes, auf dem Ding bewaffnet zu erscheinen. Kaiser Marc Aurel und sein Sohn Commodus hätten die markomannischen und quadischen Volksversammlungen um 180 n.Chr. am liebsten zur Gänze abgeschafft, waren aber dann doch mit einer zeitlichen und räumlichen Beschränkung und Kontrolle unter Aufsicht eines Centurio zufrieden.

Knapp vor dem Anbruch der Völkerwanderung wird von lokalen donaugotischen Volksversammlungen berichtet, die allen Freien zugänglich waren. Am 12. April 372 erlitt der Gote Saba das Martyrium und wurde im Flusse Musaeus-Buzău ertränkt. Obwohl arm und daher politisch unbedeutend, war Saba doch ein Freier, der an solchen Volksversammlungen teilnahm. Sie wurden klar von einer Gruppe dominiert, die Vorschläge machte, die Beschlußfassung leitete, als Exekutive auftrat und für die Durchführung des heidnischen Kultes und Ritus verantwortlich war. Diese Männer hatten Besitz und Prestige, konnten aber nicht ohne die übrigen Dorfbewohner entscheiden. Auch wurde von ihnen verlangt, die Christen des Dorfes zu schützen. Doch hatten die lokalen Notabeln keinerlei Machtbefugnisse, wenn ein gotischer Kleinkönig (Frage 38) mit seiner Gefolgschaft (Frage 41) ins Dorf kam. Bei kriegerischen Unternehmungen nach innen wie außen hatten im 4. Jahrhundert nur mehr die Großen zu entscheiden. Als aber um 400 das monarchische Großkönigtum innerhalb des Römerreichs zu entstehen begann, verloren auch die Großen jede Entscheidungsbefugnis. Die donaugotische Geschichte der Zeit beschreibt den Übergang von einer mehrere Generationen dauernden multizentralen Seßhaftigkeit zum monarchischen Königtum der Völkerwanderung. Während die Fürsten der Generation vor ihm noch im Kriegsrat überstimmt werden konnten, hörte sich König Alarich I. (Frage 85) die Ratschläge und Warnungen eines Großen in der Heeresversammlung zwar an, weist ihn dann aber drohend zurecht und entscheidet monarchisch. Bekannt ist die Szene auf einer fränkischen Heeresversammlung (Märzfeld): König Chlodwig I. (Frage 90) maßregelt einen Krieger, der ihn im Jahr zuvor bei der Beuteverteilung herausgefordert hatte, wegen seiner angeblich schlecht gewarteten Waffen und erschlägt ihn mit dessen eigener Franziska, dem Frankenbeil.

38. Hatten die Germanen Könige? Die Antwort auf diese Frage hängt davon ab, was man unter einem König versteht. Folgt man der antiken Definition, wonach ein König – lateinisch *rex*, griechisch *basileùs* – der monarchische Vertreter des Staates, der *res publica*, gegenüber den Göttern sowie der oberste Feldherr und Richter seines Volkes ist, wird man bei den Germanen erst dann Könige finden, wenn

Heerkönige (Frage 40) vieler Völker nach römischem oder iranischem Vorbild zu Reges geworden sind. Allerdings erwähnen die antiken Autoren und nicht zuletzt Tacitus (Frage 15) germanische Könige, für die derartige Voraussetzungen noch nicht gelten. Folgerichtig wird bei ihrer Nennung häufig die Einschränkung hinzugefügt, sie seien zwar Könige gewesen, hätten jedoch keine absolute monarchische Befehlsgewalt ausgeübt. Es dürften aber gerade diese Könige gewesen sein, für die vier Kriterien eines altertümlichen germanischen Königtums zutreffen: Zum einen führen sie volkssprachliche Würde-Namen, die sie als Repräsentanten einer Gruppe kennzeichnen. Zum andern enthalten diese Würdenamen alle das in historischer Zeit nicht mehr produktive -in/an Suffix. Auch Wodan zu Wut gehört in diese Gruppe altertümlicher Wortbildungen. Zum dritten gibt es sie auch in anderen Sprachen sowohl aus indogermanischer Wurzel als auch als Analogiebildungen, wie den lateinischen *tribunus* zu *tribus* (Stammeshäuptling zu Stamm) oder *dominus* zu *domus* (Herr des Hauses zu Haus). Viertens wurden alte germanische Königsbezeichnungen ins Slawische, ja selbst ins Finnische entlehnt.

Die älteste, wenn auch erst im Bibelgotischen (Frage 51) nachgewiesene Königsbezeichnung ist *thiudans* zu *thiuda*, Volk. Der *thiudans* kommt in allen germanischen Sprachen vor und hinterließ seine Spuren im Keltischen und Illyrischen, während *thiuda* noch mehr indogermanische Verwandte besaß. Der erst in den theodisken Sprachen bezeugte *truhtin* (der Herr der *truht*, der Gefolgschaft) dürfte die zweitälteste Königsbezeichnung sein, da ihre erschlossene germanische Wortform bis ins Finnische entlehnt wurde. Dieser Würde-Name weist bereits den Weg zum jüngeren Heerkönigtum (Frage 40). Das Bibelgotische kennt das Wort nicht; doch ist hier die Wortfamilie *draúht-* vielfach belegt. Gut bezeugt ist das Wort auch in Skandinavien, wo die schwedische Königin heute noch *drottning* heißt. In Krisenzeiten wählten die Terwingen (Frage 70), die im 4. Jahrhundert im heutigen Donau-Rumänien siedelten, einen Monarchen auf Zeit. Die antiken Quellen bezeichnen ihn als «Richter», «Richter des Volkes», ja als «Richter der Könige». Im Bibelgotischen dürfte er wohl *kindins* (Repräsentant und Herr des Volkes, des Geschlechts) geheißen haben. Bei den Burgundern desselben 4. Jahrhunderts gab es seine wortgeschichtliche Entsprechung, den *hendinos*. Dieser König war zwar für Kriegsglück und Erntesegen verantwortlich, jedoch kein wie immer gearteter Monarch, sondern mußte seine Macht mit anderen

Königen desselben Namens teilen. Mit der/den Königserhebung(en) Alarichs I. 391/95 (Frage 85) wurde allerdings weder ein *thiudans* noch ein *kindins* oder *hendinos*, sondern ein *reiks* zum Vorgänger derjenigen monarchischen *reges*, die ihre gotisch-vandalischen Königreiche auf römischem Boden gründeten.

Das Wort **rig-s* war die wichtigste keltische Königsbezeichnung und lebte im Altirischen als *rí* fort. Es ist mit dem lateinischen *rex* verwandt. Die Germanen entlehnten **rig-s* als **rik-*, und zwar ins West- und Nordgermanische bloß als Namenselement, während das bibelgotische *reiks* (sing. und pl., sprich: *rix*) zunächst nur nichtkönigliche Fürsten und Vornehme bezeichnete. Für die Verfassungswirklichkeit des 4. Jahrhunderts ist *reiks* jedoch auch bereits als Bezeichnung für die Kleinkönige der Terwingen zu erschließen. Als die meisten dieser Goten 376 ins Römerreich flüchteten, waren ihre Anführer solche *reiks*, unter denen sich schließlich ein einziger als Monarch durchsetzte. Analog zum *reiks* stieg der *kuning* vom unköniglichen oder kleinköniglichen Angehörigen einer vornehmen Familie zum west- und nordgermanischen Großkönig auf. Das Wort, dessen germanische Form ebenfalls ins Finnische, aber auch als *knez* oder *knjaz* ins Slawische entlehnt wurde, kennt das Bibelgotische nicht. Daß *kuning* die bis heute übliche Königsbezeichnung blieb, haben die beispiellosen Erfolge der Könige der merowingischen Franken (Fragen 63 und 75), der Angelsachsen (Frage 76), aber auch der italienischen Langobarden (Frage 77) bewirkt.

39. Was versteht man unter Prinzipatsverfassung? Die Prinzipatsverfassung ist bei Kelten und Germanen nachzuweisen, ohne daß man in allen Fällen sagen könnte, daß sie ein älteres Königtum abgelöst hätte. Wenn Caesar und Tacitus (Fragen 14 und 15) über barbarische, insbesondere germanische Principes berichten, sprechen sie von Fürsten, die in Friedenszeiten kraft ihrer edlen Geburt, ihres ererbten Reichtums und Ansehens in bestimmten regionalen Unterabteilungen des Volkes, *regiones vel pagi*, richterlich-herrschaftliche Funktionen ausübten. Um sein Ansehen für sich und die Seinen auch militärisch zu erhalten und, wenn möglich, zu erhöhen, konnte ein solcher Princeps in der Volksversammlung (Frage 37) ein Gefolgschaftsunternehmen (Frage 41) ausrufen und für einen Kriegszug nach außen um freiwillige Unterstützung von seiten der Krieger der ganzen Völkerschaft werben. Diese Principes wurden von den Volksversammlungen *per acclamationem* gewählt und waren in wichtigen Dingen auf deren Zustimmung angewiesen, die ebenfalls auf tumultuarische Weise gewährt oder verweigert wurde. Stand jedoch ein allgemeiner Angriffs- oder Verteidigungskrieg bevor, wählte das Volk – wohl unter den Principes – einen Heerführer, der auf Zeit unbeschränkte Befehlsgewalt über Leben und Tod ausübte. Caesar nennt diesen Mandatsträger daher einen *magistratus*, was bedeutet, daß der Feldherr seinem römischen Publikum den Amtscharakter des gentilen Heerführers vermitteln wollte. Nach Velleius Paterculus, wahrscheinlich einem ehemaligen Kriegskameraden des Arminius (Frage 81), war aber dessen Vater Sigimer kein Princeps, der für eine cheruskische Unterabteilung zuständig war, sondern einer des ganzen Volkes, ein *princeps gentis*. Ein Fürst, das heißt ein Erster des Volkes, stand zwar anstelle eines Königs, war aber ebensowenig ein Monarch wie ein Fürst des Volkes unter mehreren seinesgleichen. Sicher soll daher die Bezeichnung Sigimers ausdrücken, daß er den ersten Rang innerhalb der cheruskischen Führungsschicht einnahm. Dafür spricht auch die Tatsache, daß seine direkten Verwandten und Nachkommen unter den Cheruskern jeweils eine allgemeine Spitzenstellung beanspruchen und, wenigstens zeitweise, behaupten konnten. Dies galt für Sigimers Bruder Inguomer und seinen Sohn Arminius sowie nach deren söhnelosem Ende für den Sigimer-Enkel Italicus und den möglichen Urenkel Chariomerus. Die beiden zuletzt Genannten wurden sogar Cheruskerkönige. Auch wird Sigimers Familie, allerdings erst rund ein Vierteljahrhundert nach dem Tod des Arminius, als Königssippe bezeichnet. Oder mit anderen Worten: Tacitus leitet den Begriff *stirps regia* von der Gründungstat des Arminius, seinen militärischen Erfolgen gegen die Römer und vor allem gegen Marbod (Frage 84) ab. So wird das Königtum des Flavus-Sohnes Italicus mit dessen Verwandtschaft mit Arminius begründet und trotz seiner Herkunft vom feindlichen Bruder unterstützt. Dagegen haben die früheren Generationen der Sigimer-Familie oder gar die gesamte cheruskische Führungsschicht kaum als Königssippe gegolten, noch ist aus dieser Stelle auf ein «altes» Königtum, das die Prinzipatsverfassung abgelöst hätte, zu schließen.

40. Was versteht man unter dem germanischen Heerkönigtum?
Von Tacitus (Frage 15) stammt der in der modernen Forschung berühmt gewordene Satz *reges ex nobilitate, duces ex virtute sumunt.* «(Die

Germanen) nehmen (wählen) die Könige aufgrund ihrer edlen Herkunft, die Heerführer, wegen ihrer (militärischen) Tüchtigkeit.» Und der Autor fährt fort: «Die Könige besitzen keine unbeschränkte und willkürliche Gewalt, die Heerführer wirken mehr durch ihr Beispiel als durch Befehle.» Die Unterscheidung zwischen Königen und Heerführern läßt viele Interpretationen zu. Weil aber die ereignisgeschichtliche Überlieferung im Grunde nur den Typus «Heerkönig» kennt, dürfte Tacitus von Fürsten handeln, die «es», nämlich das Königtum, bereits in der Familie eingerichtet vorfanden und dadurch edle (königliche) Herkunft erlangt hatten, und von solchen, die diesen Weg noch vor sich hatten und aufgrund eigener Tüchtigkeit schaffen mußten. Demnach beruhte die Erringung des Königsnamens zu allererst auf militärischen Erfolgen, die zur Herrschaft für gewöhnlich über einen Bund aus mehreren Völkern führte. Diese Herrschaft mußte jedoch durch außergentile Heiraten wie durch ererbten Reichtum und Ansehen abgesichert werden. Schon die Könige der Bastarnen, Kimbern und Teutonen (Frage 68) waren die Anführer von aus vielen Völkern bestehenden Heerhaufen. Der Suebe Ariovist (Frage 80), der Cherusker Arminius (Frage 81) und der Markomanne Marbod (Frage 84) waren, um nur einige zu nennen, solche Duces, ob sie nun Könige wurden oder nicht. Sie waren aber auch wie die germanischen Gefolgschaftsherren, die Caesar beschreibt, bester Herkunft, besaßen Nobilität. Die gotischen Könige des 3. Jahrhunderts waren Könige von Vielvölkerheeren, und das gleiche gilt für das greutungische Königtum des 4. Jahrhunderts (Frage 70). Ein dauerhaftes Heerkönigtum bedurfte jedoch im Regelfall der römischen Anerkennung, die nicht zuletzt die Übernahme römischer Verwaltungsaufgaben voraussetzte. Dies war bereits außerhalb der römischen Reichsgrenzen notwendig, wurde jedoch zu einem unabdingbaren Bestandteil jedes Königtums auf römischem Reichsboden. Um hier ein Großreich zu gründen und zu erhalten, genügte es jedenfalls nicht, *ex nobilitate* zu sein. Der König eines römisch-barbarischen Nachfolgereichs mußte vielfältige Erfolge aufweisen können, wozu die ausreichende Versorgung seiner Leute, aber auch die Gewinnung der Zustimmung und Unterstützung der römischen Eliten zählten (Frage 57). Die germanisch benannten Großreiche konnten wie die meisten untergehen oder wie das fränkische geteilt werden, gleichwohl verhinderte die der Konzeption des «Großen Raums» verpflichtete römische Kirche in der Nachfolge von und im Verein mit den

Resten der römischen Bürokratie die Bildung kleiner Teilfürstentümer. So stützten die römischen Eliten in Theorie und Praxis umfassende Reichsbildungen.

Selbstverständlich bildete das Heerkönigtum keine ausschließlich germanische Einrichtung. Es war vielmehr ein allgemeines Phänomen, das sowohl mit Hilfe eines Angriffskriegs, nicht selten mit dem Ziel einer erfolgreichen Landgewinnung, wie durch siegreiche Verteidigung gegen Angreifer von außen und innen eingerichtet wurde. Als Beispiele seien in Auswahl genannt: die Entstehung des Königtums der Völkerwanderungszeit, Alfreds des Großen Einigung Englands im Kampf gegen die Normannen oder die Errichtung der normannischen Königreiche in England und Sizilien. Mit dem Sieg des Westsachsenkönigs Alfred über die Dänen ist die Rolle zu vergleichen, die der Sieg über die Ungarn für das Königtum und spätere Kaisertum Ottos I. spielte.

41. Was war die Gefolgschaft? Die Gefolgschaft war die bewaffnete, aus Freien bestehende Mannschaft, über die ein Mitglied der Oberschicht im Krieg wie im Frieden verfügte. Für Tacitus (Frage 15) ist ein solcher Gefolgsherr ein *princeps*, ein Fürst. Wenn Caesar (Frage 14) oder Tacitus germanische Gefolgsleute erwähnen, sprechen sie von *comites*, wörtlich von – zu ergänzen ist: bewaffneten – Begleitern oder Gefährten, deren Kollektivbezeichnung *comitatus* lautet. Das Mittelalter übernahm die beiden Begriffe *comes* und *comitatus* fast ausschließlich in seiner spätantiken Bedeutung als Umgebung des Kaisers und machte daraus den Grafen und die Grafschaft.

Die Wörter «Gefolgschaft» und «Gefolgsmann» sind zwar nicht unmittelbar in den Quellen belegt und daher nur aus Tacitus abgeleitete, moderne Fachausdrücke. Doch gibt es sowohl in den klassischen wie in den Volkssprachen Begriffe, die die Brücke zu den taciteischen *comites* schlagen. Zu nennen wären der lateinische *sequax*, der Folgende, der gotische **gasintha*, der Weggefährte, der gotische *saio*, der Gefolgsmann im eigentlichen Sinn, vielleicht auch der gotische *siponeis*, der sowohl als Gefolgsmann wie als Spießgeselle erklärt wird. Vollends dürfte aber dem *comitatus* das germanische Wort *druhti-* entsprechen, das in allen germanischen Sprachen zumindest mittelbar nachzuweisen ist und wozu es den Gefolgsherrn *druhtinaz* (Frage 39) gibt. Zur Kritik am Begriff «Gefolgschaft» ist zu sagen: Es fällt nicht besonders schwer, an historischen Fachbegriffen ein Haar zu finden, da im Deutschen viele, wenn nicht alle solche Termini ideologisch belastet sind. Christian Lübke hat dies jüngst erst am Beispiel der Gefolgschaft gezeigt. Trotzdem verwendet er den Begriff, weil er im Deutschen nicht zu ersetzen ist; er kann es aber auch tun, weil er vorher sich und seinem Publikum die Problematik des Wortes klar gemacht hat. Dazu zählt die Feststellung, daß diese Einrichtung keineswegs auf die Germanen beschränkt blieb. So enthält die wulfilanische Bibelübersetzung (Frage 51) zahlreiche Begriffe des Gefolgschaftswesens, die eindeutig keltischer Herkunft sind. Dies gilt etwa für den keltischen *ambactus*, der als gotischer *andbahts* bis ins Deutsche kam und dort bis heute geruhsam als Be-Amter fortlebt. Dies gilt aber auch für den Gefolgschaftseid, der die gegenseitige Treueverpflichtung zwischen einem Gefolgsherrn und seinem Gefolgsmann, wenn nötig bis zum gemeinsamen Untergang, bestimmte: «Die Gefolgsherren kämpfen für den Sieg, die Gefolgsleute aber für ihren Gefolgsherrn», sagt Tacitus und fügt hinzu, «der Gefolgsherr läßt sich von seinen Leuten im Kampf nicht übertreffen, und diese versuchen, es ihm gleich zu tun und ihn keinesfalls zu überleben». Es heißt, der norwegische Märtyrerkönig Olaf der Heilige habe 1030 vor der Schlacht bei Stiklastadir, wo er und viele seiner Leute den Tod gegen vorwiegend heidnische Bauern fanden, das heidnisch gefärbte Bjarki-Lied anstimmen lassen, in dem genau diese Verpflichtung des Gefolgsmannes besungen und gepriesen wird. Tacitus unterscheidet aber auch zwischen der Gefolgschaft im Krieg und der im Frieden. Er wundert sich nicht nur über die Untätigkeit der Gefolgsleute in Friedenszeiten, sondern läßt auch mittelbar erkennen, wie hoch die ökonomische Belastung ihrer Erhaltung war. Bei dem geringen Überschuß, den die wenig leistungsfähige Wirtschaft (= Landwirtschaft) hervorbrachte, war dies nur den besitzmächtigen Großen möglich. Allerdings verlangte es der Brauch, «aus freien Stücken Mann für Mann den Gefolgsherren einen Beitrag teils an Vieh, teils an Feldfrüchten zu leisten, der als Ehrengabe entgegengenommen wird und zugleich den nötigen Unterhalt zu bestreiten hilft» (Übersetzung Gerhard Perl). Die Gefolgschaften waren rangmäßig gegliedert; doch hing die Stellung des einzelnen weder von einer bestimmten ethnischen Zugehörigkeit noch von seinem Alter ab. Auch junge Krieger konnten in einer Gefolgschaft aufsteigen und ältere Mitglieder überrunden, wenn sie von besonderer Herkunft waren.

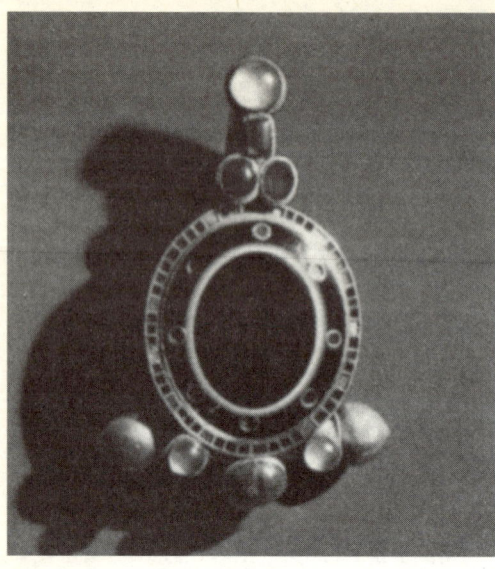

Abb. 11: Onyxfibel
aus dem Schatz von
Szilágy Somlyó II,
frühes 5. Jh. n. Chr.

42. Wurden die Könige der Germanen gekrönt? Die Krönung als
konstitutiver Akt des Herrschaftsantritts ist wie die Salbung (Frage
43) erst für die Karolinger bezeugt. Doch übersandten die Kaiser, die
seit Konstantin dem Großen (306–337) regelmäßig Diademe trugen,
an völkerwanderungszeitliche Germanenkönige Diademe als Zeichen der Anerkennung – eine Übung, die anscheinend die Zusendung
von prächtigen Onyxfibeln ergänzte oder verdrängte. In diesem Sinne
dürfte Chlodwig I. (Frage 90) nach seinem Sieg über die Goten 508
ein Diadem aus Byzanz erhalten haben. Jedenfalls ist bekannt, daß
der Frankenkönig eine Weihekrone nach Rom sandte. Aus dem spanischen Westgotenreich sind mehrere Weihekronen erhalten geblieben, darunter auch eine Votivkrone König Reccesvinths (653–672).
Rückschlüsse aus der Verwendung von Weihekronen auf das Tragen
von Kronen sind allerdings bedenklich: Mit ihrer Stiftung bekundete
ein Herrscher, daß er sich und seine Herrschaft demütig in Gottes
Hand gab. Zum Tragen waren sie ungeeignet und meistens auch viel
zu klein, wie etwa die Krone der Langobardenkönigin Theodelinde
im Domschatz von Monza. Ihr königlicher Gemahl Agilulf (590–616)
hinterließ ebenfalls für Monza eine heute verlorene Weihekrone.

Abb. 12: Bronzemünze mit dem Portrait des Ostgotenkönigs Theodahad, 534–536 n. Chr.

Ebenso zeigen Münz-, Siegel- und Medaillenbilder die Könige Odoaker (476–493), Alarich II. (484–507) und Theoderich den Großen (493–526) ohne Kronen. Von letzterem heißt es in einer Lobrede: «Was bei anderen Herrschern die Krone bewirkt, hat meinem König die von Gott geleitete Natur geschaffen» (Frage 88). Widersprüchlich verhielt sich der Theoderich-Neffe Theodahad (534–536) auch auf diesem Gebiet: Auf Münzen ließ er sich wie ein Kaiser mit Krone und Kaisermantel abbilden, in Friedensverhandlungen mit der Reichsregierung bot er einen symbolträchtigen Jahrestribut, ein *aurum coronarium*, in Form einer 300 Pfund schweren Goldkrone an. Die Theoderich-Tochter und Königin Amalasuintha (526–535) trug eine «phrygische» Mütze nach Art der bosporanischen Königinnen, und eine andere Münze zeigt den Ostgotenkönig Totila (541–552) mit einer ähnlichen Kopfbedeckung.

43. Wurden Germanenkönige gesalbt? Wie die Krönung (Frage 42) hat auch die Salbung erst unter den Karolingern eine die Herrschaft begründende Bedeutung erlangt. Allerdings gingen den ältesten fränkischen Königssalbungen von (wahrscheinlich) 751 bzw. (sicher) von 754 nichtfränkische Vorläufer voraus. Im Irland des 7. Jahrhunderts wurde überlegt, das Sakramentale auch für den weltlichen Bereich zu übernehmen. Im westgotischen Spanien desselben Jahrhunderts erfolgte die früheste Umsetzung des Gedankens. König Wamba (672-680) war der erste Westgotenkönig, dessen Salbung nach alttestamentlichem Vorbild eindeutig, ausführlich und wie selbstverständlich beschrieben wurde. Das Sakramentale hatte jedoch noch keine rechtskonstitutive Bedeutung, machte also nicht den König; dies vermochte allein die Wahl. Aber die Salbung vermochte ein Königtum zu legitimieren, dem anders als den Merowingern (Frage 63) die dynastische Tradition fehlte. Was für Wamba überliefert wird, muß jedoch nicht erst für ihn «erfunden» worden sein. Wahrscheinlich wurde schon 631 ein Westgotenkönig gesalbt, und auch er war nicht unbedingt der erste.

Germanisches Heidentum

44. Welche Götter verehrten die Germanen? Zunächst eine Klarstellung: Es geht hier nicht um den überreichen skandinavischen Pantheon des Hochmittelalters (Frage 79), sondern um die kärgliche Überlieferung über die, überdies kaum eindeutig benannten Götter der kaiserzeitlichen Germanen. Daher ist man zur Beantwortung dieser Frage in erster Linie auf die *Germania* des Tacitus angewiesen (Frage 15). Allerdings bringt der Autor die Namen derjenigen germanischen Gottheiten, für die er Entsprechungen im antiken Götterhimmel findet, fast nur in ihrer römischen Übersetzung. Nur dort, wo dies nicht der Fall ist, muß er auf die *interpretatio Romana* verzichten, nennt allein die germanischen Namen und berichtet vom germanischen Ursprungsmythos ungefähr so: In alten Liedern werde der der Erde entsprossene Gott Tuisto, der «Zwitter», gefeiert, dessen Sohn Mannus als «Gründer und Ursprung des Volkes» gelte. Mannus, soviel wie Erster Mensch, hat drei Söhne, von denen sich die Völker der Ingaevonen, Herminonen und Istaevonen herleiten. Außerdem habe Mannus noch andere Söhne gehabt, die ebenfalls «echte und alte Volksnamen» begründet hätten. Ganz anders verhält es sich mit der Trias der germanischen Hauptgötter. Tacitus nennt sie Merkur, Herkules und Mars, wie sie auch in zahlreichen, besonders rheinländischen Inschriften vorkommen. Allein mit Hilfe der Wochentagsgleichungen (Frage 45) läßt sich, und dies nur mit aller gebotenen Vorsicht, vermuten, daß hinter den römi-

schen die Namen des jüngeren obersten Gottes Wodan, des Kultur-
stifters und Donnergottes Donar und des älteren obersten und für
den Krieg zuständigen Gottes Tiu (Ziu) stehen. Allerdings dürfte im
2. Jahrhundert – vielleicht unter gallischem Einfluß – Jupiter an die
Stelle von Herkules getreten sein. So kennt man aus den germanischen wie den gallischen Provinzen des Römerreichs an die 800 Jupi-
tersäulen, zwischen vier und neun Meter hoch, die den Gott zu Pferde
zeigen, der Blitze schleudert und einen schlangenartigen Riesen
niederreitet.

Die Amaler (Frage 61) galten als A(n)sen, trugen demnach den Namen der ersten skandinavischen Götterfamilie, die Odin (Wodan)
anführte. Das Wort «Asen» dürfte den Pfahl oder das Stück Holz
gemeint haben, aus denen man Götterfiguren schnitzte. Tatsächlich
gruben die Archäologen zum Teil überlebensgroße Pfahlgötzen aus,
die aus der germanischen Frühzeit stammten. Weitere Informationen
bieten kultische Ortsnamen, die auf dem Kontinent, in Skandinavien
und auf den britischen Inseln in nicht geringer Zahl vorkommen. So
leitet sich etwa ein Bad Godesberg von einem Wodansberg her, wie
ein englisches Wednesbury gleichfalls an Wodan erinnert. Nach einer
althochdeutschen Glosse hieß das alemannische Augsburg auch
Ciesburg, Burg des Ziu/Tiu, waren doch die Schwaben die *Ziuvari*,
«die Männer Zius». Aber Ortsnamen werden irgendwann zum ersten
Mal genannt, und niemand kann tatsächlich sagen, wie alt sie damals
bereits waren (Frage 10).

Tacitus kannte auch eine Göttin, die er mit der bedeutenden ägyp-
tischen Gottheit Isis, der Schwester und Gattin des Osiris, gleichsetzte. Sie wurde von Teilen der Sueben östlich der Elbe verehrt. Da
das wichtigste Symbol der Göttin ein Boot war, nahm der Autor an,
ihr Kult sei von außen auf dem Seeweg ins Land gekommen. Umstritten ist, ob Isis mit Nerthus, das ist «Mutter Erde», gleichzusetzen ist.
Tacitus lokalisierte Nerthus und die sie verehrenden Völker an der
Ostsee. Des weiteren weiß Tacitus von einem heiligen Hain in Verbindung mit einem alten Kultzentrum, dem ein Priester in Frauentracht
vorsteht. Hier werden junge Zwillingsbrüder als Helfergötter verehrt,
die Tacitus Alci(s) nennt und den Dioskuren, den göttlichen Jünglin-
gen der antiken Mythologie, Castor und Pollux, gleichsetzt. Unge-
achtet der eigentlichen Bedeutung des Alcis-Namens wird der römische Leser «etymologisch» an göttliche Zwillinge in Elchgestalt, *alces*,
gedacht haben, waren ihm doch auch die Dioskuren als Leukopolo,

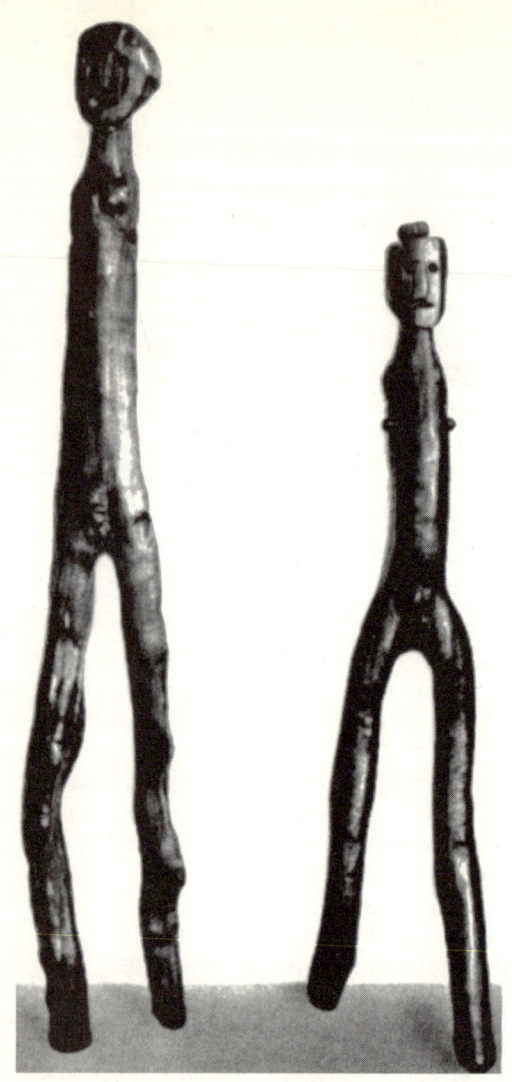

Abb. 13: Götterpaar von Eutin, Höhe fast 3 m,
zwischen 500 v. Chr. und Christi Geburt

als weißes Schimmelpaar, vertraut. Noch Wodans Nachkommen Hengist und Horsa, Hengst und Pferd, führten die Sachsen (Frage 76) als heroisches Brüderpaar nach Britannien.

Aus den germanischen Provinzen des Römerreichs blieben zahlreiche Inschriften erhalten, die germanischen Göttinnen geweiht waren. Auch Tacitus erwähnt nebenbei eine Göttin, die sogar ein eigenes Heiligtum hatte. Diese Göttinnen besaßen regionale Bedeutung. Manche waren für das Kriegswesen, andere für die Jahreszeiten zuständig; für gewöhnlich wurden sie aber als Gaben- und Segensspenderinnen verehrt. Stellt man dazu die literarischen Erwähnungen von Gottheiten und Seherinnen, ergibt sich die vielleicht überraschende Feststellung: Eine gewaltbereite, kriegerische, barbarische Gesellschaft, wie die der germanischen Völker, verehrte neben wenigen männlichen Gottheiten eine Unzahl von Göttinnen, zollte aber auch deren Stellvertreterinnen hier auf Erden Respekt, ja Gehorsam.

45. Was verraten einige Wochentagsnamen über die Religion der Germanen?
Die aktuellen Tagesbezeichnungen Sonntag, Montag, Dienstag, Wodanstag/Wednesday, den im Deutschen der christliche Mittwoch verdrängt hat, Donnerstag und Freitag beruhen auf den lateinisch-germanischen Übersetzungsgleichungen: *Dies Solis*-Tag der Sonne, *Dies Lunae*-Tag des Mondes, *Dies Martis*-Tag des Tiu/Ziu, *Dies Mercurii*-Tag des Wodan, *Dies Iovis*-Tag des Thor, *Dies Veneris*-Tag der Frija/Frea. Diese Übersetzungsgleichungen sind die ältesten Zeugnisse für germanisch benannte Hochgötter und entsprechen den Heidengöttern der lateinisch-antiken Planetenwoche. Ihre Entstehung ist im Rheinland des 4. Jahrhunderts anzusiedeln. Zu einem späteren Zeitpunkt und in einer anderen römisch-germanischen Kontaktzone wäre das antike Vorbild vornehmlich in christlicher Form übernommen worden, und wir hätten heute wie in Griechenland eine christliche Woche mit der Abfolge: Tag des Herrn, Zweiter, Dritter, Vierter, Fünfter, Rüsttag und Samstag. Einige bayerisch-österreichische Sonderformen belegen sowohl diese Alternative, wie sie auch eine einzige Anleihe bei der griechischen Planetenwoche nahmen. Allerdings handelt es sich dabei nicht um Übersetzungsgleichungen, sondern um Lehnwörter aus dem Griechischen. Bayerisch-österreichische Dialektsprecher verwenden den Irchtag für den Dienstag, verwendeten den Pfinztag für den Donnerstag und den Pferintag für den

Freitag und sagen immer noch Samstag zum letzten Tag der Woche. Während der Irchtag von *Áreos heméra*, dem Tag des Ares, aus der heidnisch-griechischen Planetenwoche stammt, entsprechen der Pfinztag der christlich-griechischen *pémpti (heméra)*, dem fünften (Tag), der Pferintag der *paraskevi (heméra)*, dem Rüsttag, und der Samstag dem *Sámbaton*, Sabbat. Vermittler dieser Ordnung waren die Goten (Frage 70) oder, genauer, die Träger der gotischen Mission. Im Unterschied zu diesen Reliktwörtern erfaßten die westlichen Gleichsetzungen nach und nach die gesamte Germania, die Angeln und Sachsen (Frage 76) noch vor ihrer Wanderung nach Britannien und schließlich auch Skandinavien.

46. Kannten die Germanen Menschenopfer? Mit Schrecken und Abscheu stellten die Römer fest, daß Germanen wie Kelten Menschen opferten. Beim Abschluß einer Konföderation zwischen Sugambrern, Sueben und Cheruskern wurden 16 v. Chr. als kultisches Unterpfand 20 gefangene Zenturionen, das heißt ein Drittel der Truppenoffiziere einer ganzen Legion, geopfert. Ebenso erging es zahlreichen römischen Gefangenen nach der Schlacht im Teutoburger Wald (Frage 93). Aber noch im 8. Jahrhundert konnte man einem Bayern, der zu den halbchristlichen Thüringern verschleppt wurde, damit drohen, ihn als Menschenopfer an die heidnischen Sachsen zu verkaufen, wenn er einen Auftrag seines Herrn nicht erfüllte. Nach Tacitus hätten Chatten und Hermunduren um Salzquellen an ihren Grenzen gekämpft. Die Vorbereitung zur Schlacht bestand in einer gegenseitigen Weihe des Gegners an die Götter Mars/Tiwaz und Merkur/Wodan (Frage 44). Damit beschreibt Tacitus eine den Römern vertraute kultische Handlung. Zu den Menschenopfern zählte auch das Selbstopfer von Königen und Heerführern. Nicht unmöglich, daß der Ostrogothenkönig Ermanerich sich 375/76 selbst opferte, als er den Hunnen (Frage 72) nicht standhalten konnte.

47. Wie kamen die Langobarden zu ihrem Namen? Ihre Herkunftsgeschichte berichtet, die Langobarden (Frage 77) hätten von Wodan selbst (Frage 44), der freilich nicht als heidnischer Gott dargestellt wird, den Namen «Langbärte» erhalten. Zu dieser Namengebung sei es so gekommen: Unter der Führung zweier Brüder und deren weiser, götterkundiger Mutter hätten ein Teil der skandinavischen Vinniler die Heimat wegen Übervölkerung (Frage 10) verlassen müssen. Auf ihrer Wanderung seien sie auf die ihnen weit überlegenen Vandalen (Frage 73) gestoßen, die sich ihnen im Bewußtsein, Wodan werde ihnen den Sieg verleihen, entgegenstellten. In dieser verzweifelten Lage holte die weise Mutter von Frea, der Gemahlin Wodans, den Rat, die Langobardinnen sollten sich bei Sonnenaufgang wie ein Heer aufstellen, wobei sie ihre langen Haare wie Bärte vor das Gesicht zu halten hätten. Da Wodan orakelte, er werde demjenigen Heer den Sieg verleihen, das er am Morgen als erstes erblicke, drehte Frea heimlich sein Bett herum, so daß er beim Aufwachen die Langobardinnen vor allen anderen sehen mußte. So geschah es, und Wodan fragte, wer diese Langbärte seien. Damit hatte sich Wodan unwillkürlich gefangen, denn, wie Frea bemerkte, mit der Namengebung hatte er die Siegverleihung zu verbinden.

Der Kern dieser Geschichte wurde im 7. Jahrhundert ziemlich gleichzeitig sowohl in Oberitalien wie im Frankenreich aufgezeichnet. Am ausführlichsten erzählt sie der Langobarde Paulus Diaconus, ein Gelehrter und Geistlicher der Zeit Karls des Großen, nennt sie zugleich aber auch eine «lächerliche Fabel». Die *ridicula fabula* besaß aber eine so starke, Identität stiftende Kraft, daß sie noch am Beginn des 11. Jahrhunderts auf einer Handschrift bildlich dargestellt wurde, in die nicht bloß die langobardische Herkunftsgeschichte, sondern auch die langobardischen Gesetze (Frage 34) eingetragen wurden. Nicht unmöglich, daß die Handschrift im Benediktinerkloster Montecassino entstand. Die darauf abgebildeten Langobarden tragen Bärte, die sich aber von den üblichen Barbarendarstellungen kaum unterscheiden. Soweit jedenfalls der religionsgeschichtlich interessante Mythos, der noch um 1200 in Skandinavien nacherzählt wurde.

Germanen und das Christentum

48. Wie wurden die Germanen Christen? Außerhalb des Römerreichs waren die ersten germanischen Christen Goten von der unteren Donau und der Krim. Unter ihnen verbreitete sich die neue Lehre – völlig atypisch für die frühmittelalterliche Bekehrungsgeschichte – wie das Christentum im heidnischen Römerreich, nämlich «von unten nach oben». Die frühesten gotischen Christen wurden daher von der donaugotischen Ober-

Abb. 14 a und b: Grabstein eines fränkischen Kriegers mit ältester germanischer Christusdarstellung, Niederdollendorf, Königswinter, 7. Jh.

schicht wie einst die römischen Christen vom heidnischen Imperium als Bedrohung der Sozialordnung und der Religion der Väter angesehen. Die Verfolgungen der Jahre 348 und 369–372 besitzen in der germanischen Welt kein Gegenstück. Viele der gotischen Christen erlitten das Martyrium oder mußten wie Wulfila (Frage 49) die Heimat verlassen. Als die Donaugoten 376 vor den Hunnen (Frage 72) ins Römerreich flohen, waren noch viele von ihnen Heiden, hatten heidnische Priester und verehrten Idole. Auf römischem Reichsboden erfolgte die Christianisierung aller Goten – beispielgebend für die europäische Zukunft – «von oben nach unten», das heißt, der je neu gewählte König (Frage 38) und seine Elite nahmen den neuen Glauben an, und das «Volk folgte».

Die gotischen Völker wurden jedoch homöische Christen (Frage

50). Davon unterschied sich die Bekehrung der Franken. Für sich und die Seinen entschied sich der Merowinger Chlodwig (Fragen 63 und 90) für den katholischen Glauben. Die Entscheidung wurde maßgeblich von seiner bereits katholischen Königin Chrotechilde mitbestimmt, die damit ein Beispiel für die Zukunft setzte. Aber auch Chlodwigs Tat war von großer Bedeutung: Von nun an bekannten die fränkischen Eliten dieselbe Konfession wie die einheimische romanische Mehrheitsbevölkerung. Die links des Rheins getroffene religiöse Entscheidung setzte Maßstäbe für die dem Frankenreich angehörigen germanischen Völker östlich des Stroms, für die Alemannen, Bayern, Mainfranken, Thüringer, Friesen und, wenn auch deutlich später, für die Sachsen (Frage 78). Dem fränkischen Beispiel folgten dagegen bereits im 7. Jahrhundert die Angelsachsen (Frage 76). Im Jahre 1000 entschied das isländische Althing, das Christentum anzunehmen, um die gefährliche Spaltung der Inselbevölkerung zu beenden. Die Bekehrung der skandinavischen Königreiche Dänemark, Schweden und Norwegen kam dagegen erst während des 11. Jahrhunderts zum Abschluß. Die Christianisierung der Franken wurde hauptsächlich von der gallo-romanischen Kirche getragen; die der Angelsachsen erfolgte auf zwei Wegen, von Rom aus und über die Iren. Skandinavien wurde von fränkischen, später deutschen und angelsächsisch-englischen Missionaren christianisiert. Im Jahre 589 traten die spanischen Westgoten zum Katholizismus über, um 680 unterschrieb der letzte homöisch-langobardische Bischof (Fragen 50 und 77) das katholische Glaubensbekenntnis.

49. Wer war Wulfila? Wulfila, «kleiner Wolf», (um 311–383) wurde wahrscheinlich schon als Kind getauft und hatte zumindest ein Großelternpaar, das aus dem kleinasiatischen Kappadokien stammte und 257 in die *Gothia* nördlich der unteren Donau (heute rumänische Walachei) verschleppt wurde. Zwischen 332 und 337 nahm der junge Gote, der Griechisch und Latein in Wort und Schrift beherrschte, an einer Gesandtschaft nach Konstantinopel teil. Neben seinen rhetorischen Fähigkeiten muß er aber auch einen höheren sozialen Rang besessen haben, da er beim Kaiser sonst nicht vorgelassen worden wäre. Wulfila stieg rasch vom Lektor zum Bischof auf, ohne jemals Diakon und Presbyter gewesen zu sein. Er wurde 341 auf der Synode in Antiochia «vom (Reichsbischof) Eusebius und den Bischöfen mit ihm» zum «Bischof der Christen im getischen (= gotischen) Land» geweiht. Das heißt, er erhielt die relative Bischofsweihe nicht bloß für die Goten, sondern für das gesamte Gotenland einschließlich seiner römischen Bewohner. Im Jahre 348 wurde Wulfila an der Spitze vieler gotischer Christen aus seiner Heimat vertrieben. Kaiser Constantius II. (337–361) nahm die Flüchtlinge auf und siedelte sie im römischen Mösien im Norden des heutigen Bulgarien nahe der Stadt Nikopolis/Stari Nikub an. Hier war Wulfila bis zu seinem Tod 33 Jahre lang Bischof und Oberhaupt einer zahlenmäßig großen Gruppe gotischer Christen, wurde aber auch von den Einheimischen als geistliche Autorität anerkannt. Aus Wulfilas mösischer Zeit ist nur wenig bekannt; er predigte auf gotisch, griechisch und lateinisch und entfaltete eine reiche literarische Tätigkeit. Der Großteil seiner theologischen Schriften wie die Bibelübersetzung (Frage 51) dürften damals entstanden sein. Bezeugt ist die Anwesenheit des Gotenbischofs 360 auf dem Reichskonzil von Konstantinopel, wo die Mehrheit der Teilnehmer die homöische Position bezog, der Wulfila zeit seines Lebens treu blieb (Frage 50), damit aber auch die gotische Identität seiner Anhänger in einer Weise sicherte, die ein halbes Jahrtausend überdauern sollte. Gegen Ende des 4. Jahrhunderts verschärfte die katholische Mehrheit mit kaiserlicher Unterstützung den Kampf gegen den Arianismus, worunter nun auch die Position Wulfilas verstanden wurde. Theodosius der Große (379–395) berief für das Frühjahr 381 eine Kirchenversammlung nach Konstantinopel, die als das Zweite Ökumenische Konzil gilt. Unter den arianischen Bischöfen, die bei Theodosius intervenierten, wird auch der vom Kaiser eigens gerufene Wulfila genannt. Sowohl für 382 wie 383 wurden zu dieser Frage weitere Kirchenversammlungen angesetzt. Noch während das Konzil von 383 tagte, dürfte Wulfila in Konstantinopel gestorben sein und auf kaiserlichen Befehl ein ehrendes Begräbnis erhalten haben.

50. War Wulfila Arianer? Wulfila (Frage 49) übernahm die im oströmischen Reich des 4. Jahrhunderts vorherrschende Glaubensrichtung, die einst wie heute polemisch-vereinfachend als Arianismus bezeichnet wird. Nach dieser Lehre des alexandrinischen Presbyters Arius von der trinitarischen Ungleichheit ist der Sohn dem Vater als zeitlicher Gott untergeordnet und nur ähnlich, nicht aber gleich, während der Heilige Geist nicht Gott, sondern bloß die dienende Erleuchtung des Sohnes ist. Das Konzil von Nikaia verdammte 325 diese Lehre, indem sich die Mehrheit der Konzilsväter auf die Wesensgleichheit (*homoousía*) der drei göttlichen Personen verständigte. Mit der Einführung des Wesens-Begriffs (*substantia, ousía*) nahm das Konzil jedoch Anleihe bei der griechischen Philosophie, wogegen sich Widerstand erhob und wodurch eine Tradition entstand, die als Hellenisierung der Kirche gerade heute unter Benedikt XVI. wieder an Bedeutung gewonnen hat. Das Reichskonzil von 360 versuchte zu vermitteln; man einigte sich auf eine homöische Kompromißformel, indem man den Wesensbegriff wieder strich und die einfache Gleichheit von Vater und Sohn annahm. Christus Gottsohn ist Gottvater «ähnlich-gleich», *hómoios, galeiko gudá*, aber nicht «identisch-gleich», *homós*, und Vermittler von Gottes Wirken in der Welt. Der Heilige Geist ist nicht Gott, sondern Kraft und Diener des Sohns (Knut Schäferdiek). Wulfila, der an dem Konzil teilnahm, hielt sich zeitlebens an diese Beschlüsse. Noch auf dem Totenbett bekannte er Christus als den «eingeborenen Sohn, unseren Herrn und Gott, Schöpfer aller Kreatur, der nicht seinesgleichen hat – und daher ist einer aller Gott Vater, der auch der Gott unseres Gottes ist, und an den einen Heiligen Geist, den Lebensspender und Heiligmacher, der aber weder Gott noch Herr ist, sondern der treue Diener Christi, und nicht ihm gleich, sondern unterworfen und in allem dem Sohn gehorsam, wie auch der Sohn in allem Gott Vater unterworfen und gehorsam ist».

Als der Gotenbischof 383 in Konstantinopel starb, hatte sich die politische Landschaft – der Großteil der Donaugoten war 376 vor den Hunnen (Frage 72) ins Römerreich geflohen – grundlegend verändert. Nicht verändert hatte sich dagegen die enorme Kraft der gotischen, auf Schriftlichkeit beruhenden Mission, die fast alle germanischen Völker nicht bloß am Rande, sondern auch im Inneren des Römerreichs erfaßte. Daher mußten selbst der überaus katholische Kaiser Theodosius I. (379–395) und seine Nachfolger das gotische Bekenntnis anerkennen. Obwohl das Zweite Ökumenische Konzil 381 und die nachfolgenden Kirchenversammlungen den Arianismus verurteilten, dekretierte der zweite Kanon des Konzils von 381: «Die Kirchen Gottes unter den barbarischen Völkern aber sollen in der Weise regiert werden, die schon unter den Vätern herrschte.» Damit war der Weg frei zu den königlich geführten homöischen Stammeskirchen der Goten, Vandalen, Burgunder, Langobarden und anderer Barbaren, die ihre Reiche auf römischem

Reichsboden errichteten. Nur die Franken Chlodwigs I. (Fragen 48 und 90) entschieden sich schließlich doch gegen die wulfilanische Tradition. Dafür gab es viele Gründe, jedoch «keinen Anhaltspunkt für die in der Vergangenheit häufig geäußerte Vermutung, Wulfilas Theologie könne zumindest teilweise als Versuch einer Anpassung an einen gotischen kulturellen Hintergrund verstanden werden.» (Knut Schäferdiek). «Arteigen», wie es die nationalsozialistische Ideologie wollte, war Wulfilas Christentum jedenfalls nicht (Hanns Christof Brennecke).

51. Wer übersetzte die Bibel ins Gotische?   Nach ihrer Vertreibung aus dem Gebiet der heutigen Walachei wurden Wulfila (Frage 49) und seine Glaubensbrüder rechts der unteren Donau im römischen Mösien (heute Bulgarien) angesiedelt. Hier entstand die gotische Bibelübersetzung, die – ob vollständig oder eher nicht – auf sehr lange Zeit einmalig in der germanischen Welt bleiben sollte. Absichtlich soll Wulfila die «Bücher der Könige, worin die Geschichte der Kriege enthalten ist», ausgelassen haben, «um dem Volk, das den Krieg liebte, eher einen Zaun für seine Schlachtenlust zu ziehen, als es eigens dafür zu begeistern». Wulfila und eine unbekannte Zahl ungenannter Helfer entwickelten nach dem Vorbild des griechischen Alphabets eine Schrift, die sie um einige lateinische Buchstaben und gotische Runenzeichen (Frage 9) vermehrten. Damit schufen sie die gotische und zugleich mit Abstand älteste germanische Schriftsprache. Diese lehnte sich aber so stark an das Griechische an, daß sie sich deutlich von der gotischen Umgangssprache unterschied und auch deren Veränderungen kaum mitmachte. Die so entstandene Kult- und Sakralsprache diente jedoch als vorzügliches Instrument der Glaubensvermittlung und Mission unter verwandten Völkern zumindest bis ins 6., ja 7. Jahrhundert, war aber auch noch in der Karolingerzeit von großem Interesse. Selbstverständlich hatte Wulfila Vorgänger und Lehrer. Seine Fähigkeit, die Bibel ins Gotische zu übertragen, setzte das frühere Wirken lateinischer wie griechischer Missionare im Gotenland nördlich der Donau voraus. So gilt nicht Wulfila, sondern ein Kappadokier namens Eutyches als «Apostel der Goten». Wulfila sprach und schrieb ebenso gut gotisch wie er Griechisch und Latein beherrschte. Seine Übersetzungstätigkeit wäre ohne eine innige Vertrautheit mit den klassischen Sprachen undenkbar gewesen.

52. Wie könnte das gotische Vaterunser geklungen haben? Das in Wulfilas Bibelübersetzung nach Matthaeus 6, 9–13, überlieferte Vaterunser lautet:

Atta unsar, thu in himinam,
weihnai namo thein.
Qimai thiudinassus theins.
Wairthai wilja theins,
swe in himina jah ana airthai.
Hlaif unsarana thana sinteinan
gif uns himma daga.
Jah aflet uns thatei skulans sijaima,
swaswe jah weis afletam thaim skulam unsaraim.
Jah ni briggais uns in fraistubnjai,
ak lausei uns af thamma ubilin.

Doxologie:
Unte theina ist thiudangardi jah mahts
jah wulthus in aiwins.
Amen.

Um das gotische Vaterunser zum ungefähren Klingen zu bringen, müssen allerdings die wichtigsten Aussprachenregeln befolgt werden: ai = ä, au = langes o, ei = langes i, gg = ng, h wie etwa in mahts = ch, q = ungefähr k, th steht für þ (Thorn-Rune) und entspricht ungefähr dem heutigen englischen th.

Der gotische Text vermittelt aber wie jede Übersetzung unbewußt oder, besser, funktional auch Einblicke in die Welt der Übersetzer. So hat das Bibelgotische das indogermanische Wort für Vater durch das Lallwort *atta* ersetzt. Verfassungsgeschichtlich von Bedeutung sind die beiden Wörter für das Reich (Gottes): *thiudinassus* ist die Herrschaft des *thiudans*, des Königs (Frage 38), der ein Volk, die *thiuda*, repräsentiert; *thiudangardi* ist die Burg, *gards*, eines *thiudans*. In der Vorlage steht *basileia* (bzw. *regnum*), das heißt Königreich. Warum hier das Bibelgotische für ein und dasselbe griechische oder lateinische Wort zwei gotische Wörter verwendete, ist nicht zu sagen. Geschah es der stilistischen Abwechslung zuliebe, waren zwei verschiedene Personen am Werk, der eine für das eigentliche Vaterunser, der andere für die Doxologie, für die Lobpreisung Gottes? Man weiß es nicht. Schließlich ist zu bemerken, daß die Brotbitte *Hlaif unsarana...gif uns himma daga* wörtlich den (Brot)laib, *hlaif*, und

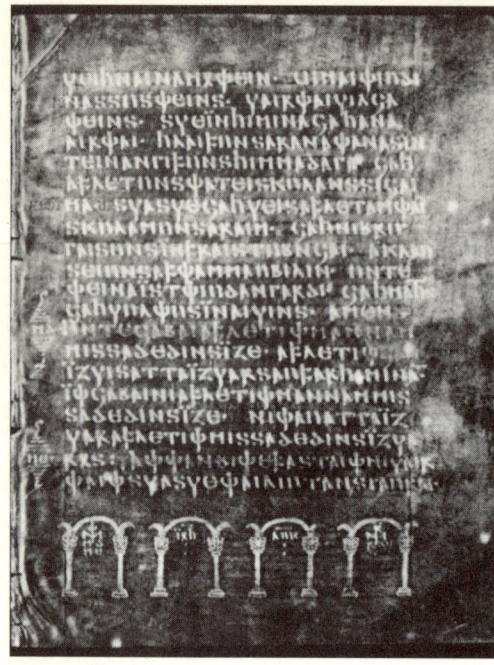

Abb. 15: Codex Argenteus, 6. Jahrhundert, Seite aus der Wulfila-Bibel mit dem Vaterunser

nicht die tägliche Brotflade erfleht und damit eine gotische Errungenschaft bezeugt, die im gemeinslawischen Wort *chl(i)eb* bis heute fortlebt.

53. Was ist die gotische Silberbibel? Im Jahre 551, mehr als ein Jahrzehnt, nachdem die Ostgoten (Frage 70) Ravenna für immer verloren hatten, unterzeichneten hier einige Kleriker der arianischen Kirche Santa Anastasia weitgehend lateinisch geschriebene Urkunden auf gotisch. Einer dieser Männer nannte sich *Wiljarith bokareis* (Buchschreiber), dürfte mit dem aus anderen Quellen bekannten *Uiliaric antiquarius* identisch sein und könnte der ravennatische Buchmeister und Leiter jener Werkstätte gewesen sein, in dem der *Codex Argenteus*, die gotische Silberbibel, entstand. Die wundervolle Prunkhandschrift liegt heute in der Universitätsbibliothek zu Uppsala. Auf purpurgefärbtem Pergament, hergestellt aus der Haut junger oder noch ungeborener Kälber, wurde Wulfilas gotische Übersetzung der

Heiligen Schrift mit silberner, für Einzelheiten wie die Evangelistennamen sogar mit goldener Tinte geschrieben. Die Buchstaben sind von auffallender Regelmäßigkeit; sie wirken wie nach einer Schablone gezogen. Der Schriftspiegel folgt dem ästhetischen Maß des goldenen Schnitts; die der Konkordanz dienenden Kanontafeln erinnern an die ravennatische Kirchenarchitektur. Die Silberbibel mit ihren ehemals 336 Blättern, von denen noch 188 vorhanden sind, ist zwar nicht der einzige religiöse Text in gotischer Sprache, der erhalten blieb, aber doch der bei weitem ausführlichste. Auch der Großteil der sonstigen gotischen Bibelüberlieferung stammt aus dem Italien Theoderichs des Großen (Frage 88). Es ist sehr wahrscheinlich, daß der *Codex Argenteus* ursprünglich zum königlichen Schatz gehörte und über Pavia ins süditalienische Cumae geflüchtet wurde. Als die Festung 553 vor den oströmischen Truppen kapitulierte, geriet die Silberbibel nicht in kaiserliche Hände, sondern blieb aus unbekannten Gründen in Süditalien, bis die Handschrift in den Osten des karolingischen Frankenreichs, in das Gebiet des späteren Deutschlands, kam. Der weitere lange Weg nach Uppsala führte über den Prager Hradschin, wo der *Codex Argenteus* zu den Schätzen Kaiser Rudolfs II. (1576–1612) zählte, bis ihn die Schweden, die sich als Nachkommen der Goten verstanden, während des Dreißigjährigen Krieges raubten. Das gut bekannte Schicksal der Handschrift gehört zu den faszinierendsten Kapiteln der Buchgeschichte.

Rom und die Germanen

54. Was war der Limes? Tacitus (Frage 15) haßte Kaiser Domitian und erwähnte daher weder dessen großen Chattenkrieg von 83 n. Chr. noch dessen Entscheidung, die Reichsgrenze zwischen mittlerem Rhein und oberer Donau nach Germanien vorzuverlegen. So entstand der Obergermanisch-Raetische Limes, der unter den Kaisern des 2. Jahrhunderts voll ausgebaut wurde. Diese leichten Sperren, Wachttürme und kleinen Kastelle bildeten eine etwa 550 Kilometer lange Polizeigrenze, die von Rheinbrohl bis oberhalb von Kelheim reichte, das heißt, vom heutigen Hessen über Baden-Württemberg an die bayerische Donau oberhalb von Regensburg führte. Limes bedeutet in erster Linie den Grenzweg, die Verbindung zwischen zwei Grenzbefestigungen. Der

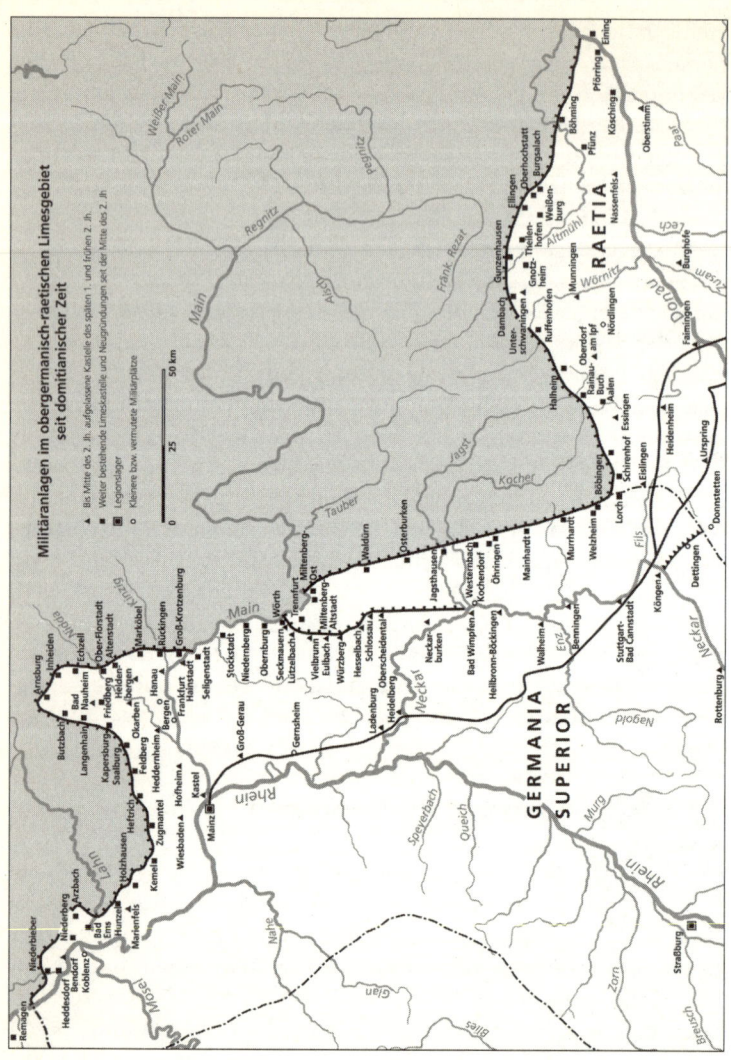

Militäranlagen im obergermanisch-raetischen Limesgebiet
seit domitianischer Zeit

▲ Bis Mitte des 2. Jh. aufgegebene Kastelle des späten 1. und frühen 2. Jh.
■ Weiter bestehende Limeskastelle und Neugründungen seit der Mitte des 2. Jh.
■ Legionslager
○ Kleinere bzw. vermutete Militärplätze

0   25   50 km

Abb. 16: Verlauf des Obergermanisch-Raetischen Limes, 2. Jh. n. Chr.

militärische Wert dieser ausschließlich von Auxiliareinheiten (Hilfs-truppen) gehaltenen Befestigungen darf daher nicht überschätzt wer-den. Allerdings ging von diesen Stützpunkten und den städteartigen Siedlungen in deren Hinterland eine gewisse Romanisierung aus. Das ganze Limessystem und seine Straßen erheben sich mancherorts bis heute über dem Niveau und wurden im Mittelalter oft als grund-herrschaftliche Grenzmarkierungen genutzt. Der erst im 2. Jahrhun-dert abgeschlossene Raetische Limes bestand aus wesentlich massi-verem Material; seine Hinterlassenschaft nannte der Volksmund die «Teufelsmauer».

55. Waren die Germanen Barbaren? Ethnisch galten die Germa-nen als Barbaren, ethisch-moralisch waren sie solche nur in dem Maße, das leider allen Menschen möglich ist. Für die Griechen, die den Begriff prägten, war der Barbar unter Einschluß der Römer der lallende Nichtgrieche, der nicht wie ein Mensch, also wie ein Grieche, sprechen konnte und sich dementsprechend wild wie ein Tier auf-führte. Als die Römer den Barbarenbegriff übernahmen, bezeichneten sie damit den Nichtrömer, der zusätzlich zu seiner «Sprachlosigkeit» auch noch bar jeder Vernunft war. Daraus folgt die barbarische Unfä-higkeit, ein auf Recht und Gesetz beruhendes Staatswesen zu errich-ten, Willkür und Gewalt zu unterdrücken, den Wert von Verträgen zu begreifen und sie zu halten. Von hier ist der Weg nur kurz zur Über-zeugung von der barbarischen, insbesondere germanischen Treulo-sigkeit (Frage 33), ein Wort, das zu dem bis heute wirksamen ethisch-moralischen Barbarenbegriff überleitet. In der Vorstellung von der «Teutonischen Raserei», dem *furor Teutonicus*, sind alle diese, nicht zu-letzt der stoischen Philosophie verpflichteten Wertungen enthalten. Dementsprechend bezeichnete das christliche Mittelalter die Heiden als Barbaren. Aber auch die slawische Bezeichnung der Deutschen als *němci* meint den «sprachlosen» Barbaren.

56. Wer eroberte Rom im Jahre 410? Um die Jahresmitte 410 öffnete sich erstmals ein kleines «Zeitfenster» für persönliche Ver-handlungen zwischen dem Westgotenkönig Alarich I. (391/95–410) (Frage 85) und Kaiser Honorius (395–423). Eine Einigung über die Anerkennung der gotischen Staatlichkeit (Frage 57) auf italienischem Boden schien möglich. Da überfiel ein gotischer Gegner Alarichs mit bloß 300 Mann das Gotenheer. Honorius brach die Verhandlungen

Abb. 17: Titusbogen, 81 n. Chr., mit der Darstellung der 70 n. Chr.
in Jerusalem geraubten Tempelschätze

ab, und Alarich zog zum dritten Mal vor Rom, das die Goten am
24. August 410 einnahmen. Während der dreitägigen Plünderung
machten die Eroberer reiche Beute, darunter anscheinend auch Teile
des jüdischen Tempelschatzes, den Titus im Jahre 70 n. Chr. von Jerusalem nach Rom sandte. Die Einnahme der Ewigen Stadt erschütterte
die Zeitgenossen der westlichen Reichshälfte zutiefst. «Was bleibt
heil, wenn Rom fällt?» hatte der heilige Hieronymus schon 409 ge-
fragt. Strafte so der christliche Gott, oder rächten sich die heidnischen
Götter für den Abfall von der alten Religion? Augustinus verlieh dem
Fall Roms in seinem *Gottesstaat* den Rang eines heilsgeschichtlichen
Ereignisses.

Die Goten blieben nicht lange in der Stadt, deren Eroberung Alarich ein Dämon auferlegt hatte, so hieß es, und da der König noch
410 starb, wurde er wohl zu seiner eigenen Vernichtung zu dieser
Wahnsinnstat getrieben. Daß Alarich Rom sobald räumte, hatte freilich handfestere Gründe: Da waren das ungelöste Versorgungspro-
blem, der Hunger und die Seuchengefahr, nicht zuletzt der Zwang,
noch vor dem Beginn der schlechten Jahreszeit eine sichere Bleibe zu
erreichen, womöglich über Sizilien das Kornland Afrika zu erobern.
Doch schon die Straße von Messina bereitete ein unüberwindliches

Hindernis. Es fehlte der geeignete Schiffsraum, und die Herbststürme setzten ein. Nun begann der Rückzug des Gotenheeres nordwärts in Richtung Kampanien. Vielleicht wollte Alarich einen größeren Hafen erobern, wie etwa Neapel, das er bereits beim Anmarsch vergeblich belagert hatte, um Zugriff auf eine Flotte zu erhalten. Jedenfalls überwinterten die Goten in Kampanien und gaben den afrikanischen Plan zunächst selbst dann nicht auf, als Alarich noch vor Jahreswechsel in Bruttium starb.

Bis heute ist die Vorliebe der deutschen Geschichtswissenschaft für Alarich I. ungebrochen. Das Bett des Flusses Busento bei Consentia-Cosenza sei trockengelegt worden, bevor der König darin begraben wurde. Die Arbeitskräfte, die das Werk vollbrachten, seien getötet worden. Die «nächtliche» Grablegung des «jungen gotischen Helden» wurde durch das Gedicht Platens «Das Grab im Busento» Bildungsgut der Romantik, dessen Lektüre, und sei es nur der Kuriosität wegen, heute noch lohnt. Nach Art der Bestattung des freilich schon vierzigjährigen Wanderkönigs zu schließen, hätten die Goten Italien verlassen wollen. Abgesehen davon, daß der Busento in der nächsten Trockenzeit kein Wasser mehr führte und das «Grab im Fluß» nicht mehr schützen konnte, ist diese Erzählung nicht historisch, sondern nur motivgeschichtlich zu interpretieren; sie zeigt, wie stark die Akkulturation der Goten an die skythischen Lebenswelten ihrer pontischen Heimat war.

57. Wie erfolgten Anerkennung und Integration germanischer Völker innerhalb des Römerreichs? Spätestens seit dem Kimbersturm (113–101 v. Chr.) (Frage 68) wurden Germanen ins Römerreich aufgenommen. Die Bedingungen, unter denen diese Aufnahme erfolgte, waren alles andere als gleich. Gestürzten Königen, wie Marbod (Frage 84), wurden «ehrenvolle» Wohnsitze angewiesen, wo sie als in ihrer Freizügigkeit beschränkte «Staatspensionäre» ihr Leben verbrachten. In ihrer überwiegenden Mehrheit kamen aber Germanen als Söldner, halbfreie Siedler und Sklaven ins Römerreich. Zwangsumsiedlungen vermehrten die Zahl der Germanen auf römischem Boden. Diese hatten sich, wie ihr Name *dediticii* (*dedo* = ich kapituliere) sagt, förmlich zu unterwerfen; seit Marc Aurel (161–180) sind sie als Kolonen (Bauern) bezeugt. Sie wurden bestimmten Herren zugewiesen, hatten das Land zu bebauen, zahlten Steuern und wurden zum Heeresdienst eingezogen. Für ihre bereits auf Reichsboden geborenen Nachkommen bürgerte sich seit etwa 300 die Bezeichnung *laeti* (wahrscheinlich von germanisch «Leute») ein. Noch 376 wollte die östliche Reichsregierung mit den vor den Hunnen geflohenen Goten (Fragen 70 und 72) auf die traditionelle Weise verfahren. Doch vergeblich: Die Barbaren, die ins Römerreich drängten, waren zu viele und militärisch zu potent geworden. Anstelle von Unterwerfung und Integration ganzer Völker in die römische Unterschicht hatten deren Anerkennung und Integration in die Oberschicht zu treten. Die Einzelheiten dieses weltgeschichtlichen Prozesses wurden jedoch von den betroffenen römischen Zeitgenossen so wenig registriert, daß sich mit Gewißheit nur eines sagen läßt: Vom 4. bis zum 6. Jahrhundert erfolgten Anerkennung und Integration der Fremden in einer Weise, die im Regelfall so gut wie keine Konflikte auslöste, solange römische Gesetze befolgt wurden. Auch die britannischen Angelsachsen wurden zunächst nach denselben Modalitäten zu integrieren versucht. Ihre Ansiedlung wie die der Goten, Vandalen, Burgunder, Franken und Langobarden waren keine Land(weg)nahmen und noch weniger Eroberungen, sondern bedurften der Zustimmung und Mitwirkung der römischen Eliten. Diese bildeten die Voraussetzungen für die ökonomische Grundlage der germanischen Königreiche auf römischem Boden. Wo dieser Konsens in Einzelfällen aufgegeben wurde, galten sie als Normbrüche und wurden in den Quellen, wie etwa später in Britannien, sehr wohl vermerkt.

Zur römischen Fremdenpolitik zählte seit jeher der Abschluß von Verträgen, *foedera*. Darin wurden die inneren Strukturen der «äußeren Völker» anerkannt und eher unverbindliche Schutzversprechungen abgegeben. Als Gegenleistungen hatten die Föderaten (Bündnispartner) Truppen zu stellen und bestimmte Sachleistungen zu erbringen. Bekannt ist etwa die jährliche Verpflichtung der Bataver, große Rinderhäute in beträchtlicher Zahl an die römische Rheinarmee zu liefern. Als Kaiser Theodosius I. (379–395) im Jahre 382 mit den Goten (Frage 70) einen Vertrag schloß, wurde darin eine folgenschwere Änderung der bisherigen Politik festgemacht. Ab nun anerkannte die Reichsregierung autonome Föderaten auch innerhalb des Römerreichs, unterwarf römische Reichsangehörige deren Herrschaft und erlaubte damit die Entstehung eines Staates im Staat. Wurden später auch noch wichtige Modifikationen notwendig, bildete doch das *foedus* von 382 in seinen Grundzügen das Muster, dem alle weiteren Verträge mit den nun nicht mehr «äußeren Völkern» auf

Reichsboden folgten. Diese «inneren» Föderaten wurden Angehörige des römischen Heeres, und der *exercitus Romanus* wurde seit jeher – bei grundsätzlicher Steuerfreiheit – auf dreierlei Weise bezahlt: mit regelmäßigem Sold, mit außerordentlichen Zahlungen in unterschiedlicher Höhe (Donativen) und mit Land. Die Vielfalt der Möglichkeiten erlaubte variantenreiche Ansiedlungsmodalitäten. Vor allem fehlten noch die Anerkennung der Föderatenkönige und ihre Einordnung in die römische Administration, um die gesellschaftliche und wirtschaftliche Integration ihrer Scharen nach dem Beispiel des Römerheeres zu ermöglichen. Dies geschah durch ihre Bestellung zu Heermeistern – zunächst zu regionalen, sehr bald auch zu allgemeinen Oberbefehlshabern des Heeres. So wurde das spätantike Heermeisteramt, dessen Inhaber vizekaiserliche Befugnisse besaßen, während des 5. Jahrhunderts zum integralen, weil römischen Bestandteil des germanischen Königtums auf Reichsboden und bahnte ihm den Weg zum «verstaatlichten» Königreich des Mittelalters.

58. Konnte ein Germane das Römerreich erben oder erheiraten?

Die Führungsschichten, und zwar nicht bloß die der Germanen verwendeten Heirat, Adoption und Erbgang als Mittel der Politik. Ariovist (Frage 80) heiratete die Schwester des Norikerkönigs, um ein für beide Seiten günstiges Bündnis zu besiegeln. Flavus, der Bruder des Arminius (Frage 81), nahm die Tochter eines chattischen Fürsten zur Frau. Ihrer beider Sohn Italicus wurde in Rom geboren und erbte – von den Cheruskern als König erbeten – den Prinzipat (Frage 39) seines Onkels und Großvaters. Eine moderne «Verwandtschaftstafel zum spätrömischen Militäradel» beginnt mit dem Namen Kaiser Diokletians (284–305) und endet mit dem Justinians I. (527–565). Dazwischen findet man alles, was Rang und Namen hatte: Konstantin den Großen und Theodosius den Großen ebenso wie die Könige der Goten, Vandalen, Burgunder und Franken sowie die obersten römischen Heerführer verschiedenster Herkunft. Auf dieser Ebene funktionierte die Heiratspolitik zwischen Barbaren ebenso wie die zwischen Römern und Barbaren – obwohl letztere seit 370/373 verboten war. Erfolglos blieben dagegen alle Bemühungen eines geborenen Nichtrömers, über eine Verschwägerung mit dem Kaiserhaus an die Spitze zu gelangen. Das galt selbst für den Halbrömer und Sohn eines Vandalen Stilicho, der eine Nichte des Kaisers Theodo-

Abb. 18: linke Seite des elfenbeinernen Konsulardiptychons des Vandalen Stilicho, 5. Jh. n. Chr.

sius (379–395) heiratete und unter diesem eine steile militärische Karriere machte. Nach dem Tode seines Gönners beanspruchte Stilicho die Vormundschaft für dessen Söhne und Nachfolger Arcadius (395–408: Ostreich) und Honorius (395–423: Westreich). Das Bild zeigt winzige Büsten der beiden auf Stilichos Schild, der wie schützend die Hand über sie hält. Tatsächlich konnte sich Stilicho nur im Westreich als Generalissimus durchsetzen. Als aber Arcadius am 1. Mai 408 starb und das Gerücht aufkam, Stilicho wolle für seinen eigenen Sohn das Kaisertum des Ostens erringen, meuterten im August 408 wesentliche Einheiten der römischen Armee. Honorius ließ seinen Mentor fallen, der nach wenigen Tagen ein toter Mann war. Als der Alarich-Nachfolger Athaulf im Jahre 414 versuchte, durch die Heirat mit der Kaisertochter Galla Placidia ihren Bruder Honorius I. zur Anerkennung eines gotische Königreichs auf römischem Boden zu bewegen, scheiterte er, und nicht bloß, weil der 415 geborene Sohn der beiden, der den Kaisernamen Theodosius erhielt, bald nach seiner Geburt starb. Zwei Generationen später stellten sich nämlich langlebigere Nachkommen ein, als der vandalische Thronprätendent eine Kaisertochter heiratete. Aus der Ehe dieses Hunerichs (477–484) mit Eudocia, der Enkelin der einstigen Gotenkönigin Placidia, stammte der vorletzte Vandalenherrscher und letzte rechtmäßige Vandalenkönig Hilderich (523–530). Sein Scheitern bewies erneut die geringe politische Bedeutung, die der Einheirat in die Kaiserfamilie zukam. Dazu eine Geschichte, mag sie nun auf Tatsachen beruhen oder nicht: Honoria, die Schwester des Westkaisers Valentinian III. (425–455), wollte Attila heiraten. Der Hunnenkönig verlangte das Kaisertum und erhielt aus Ravenna die Antwort, die Kaiserschwester habe keinen Anteil an der Herrschaft, da das römische Kaisertum keinen Frauen, sondern nur Männern zustehe.

War es nicht möglich, das Römerreich zu erheiraten, so konnte man es noch weniger erben. Damit es auch nicht durch Adoption an einen Barbaren ging, erfanden die Oströmer das Instrument der Annahme als Waffensohn. Der Kaiser konnte so einen hervorragenden Barbarenkönig oder Fürsten durch Waffenverleihung an Sohnes statt annehmen, doch machte ihn diese *adoptio per arma* nicht zu einem zivilrechtlich wie reichsrechtlich erbberechtigten Kaisersohn.

59. Was verdankte Italien der Herrschaft Theoderichs des Großen? Theoderichs des Großen (Frage 88) vernünftige wirtschaftspolitische und steuerliche Maßnahmen, eine unter dem Motto der *civilitas* vertretene Gewährleistung von Recht und Ordnung, die erfolgreiche, weil privates wie öffentliches Eigentum schonende Anerkennung und Integration der Fremden (Frage 57) sowie eine Generation des äußeren Friedens und der inneren Sicherheit bescherten Italien und seinen Nebenländern, das heißt dem Westreich in der

Abb. 19: Mausoleum
Theoderichs des
Großen, Ravenna,
6. Jh. n. Chr.

Sprache der Zeit, eine mehr als 30jährige Blütezeit. Ravenna, die westliche Hauptstadt seit 406, erlebte eine großartige Bautätigkeit: Es
entstanden das arianische Baptisterium, das heutige Oratorium
Santa Maria in Cosmedin, die Hofkirche, heute San Apollinare nuovo,
das wohl prachtvollste Zeugnis eines homöischen Sakralbaus, sowie
zahlreiche andere Kirchen in Ravenna, Rom und Salona beim heutigen dalmatinischen Split. Das berühmte Mausoleum Theoderichs
läßt erkennen, daß der Bauherr seine Grablege in der architektoni-
schen Tradition der Grabstätte Konstantins des Großen (306–337),
des ersten christlichen Kaisers, gestalten wollte. Zwölf henkelartige
Aufsätze zieren den Deckel des Monuments zu Ravenna; ihnen sind
die Namen der zwölf Apostel zugeordnet, jedoch in derselben atypi-
schen Weise, die auch für Konstantins Mausoleum überliefert wird.
Wie nämlich der erste christliche Kaiser als Dreizehnter im Kreis der

Apostel ruhte, wollte auch Theoderich der Große als Apostelgleicher ein zweiter Konstantin sein.

Zu den wertvollsten Zeugnissen des ostgotischen Homöismus (Frage 50) zählt der berühmte *Codex Argenteus*, die wundervolle Prunkhandschrift der Silberbibel (Frage 53). Bei aller Pracht und Herrlichkeit war zwar die Epoche Theoderichs insgesamt eher durch restaurative Bemühungen bestimmt, doch lebten im ostgotischen Italien auch Männer, die für die Zukunft dachten und wirkten. Boethius (getötet 524) schrieb mit seinen *Tröstungen der Philosophie* eines der am meisten gelesenen Bücher des Mittelalters, das sowohl ins Angelsächsische wie Althochdeutsche übertragen wurde. Der heilige Benedikt (um 480–um 543) verfaßte die bis heute gültige Mönchsregel. Der skythische Mönch und stadtrömische Abt Dionysius Exiguus (vor 540) legte in seinem *Buch über das Osterfest* die Grundlage für die christliche Zeit- und Festtagsberechnung, die bis ins 16. Jahrhundert gültig blieb. Kaum eine Generation nach Theoderichs Tod war der Untergang des Ostgotenreichs nach langen Kämpfen besiegelt. Das verwüstete Italien verlor seine Einheit und seinen Rang als erstes Land des Westreichs.

60. Haben die Germanen das Römerreich zerstört? Seit der Renaissance wird der Untergang Roms beklagt und den Germanen in die Schuhe geschoben; sie hätten das Römerreich erobert, zerstört, ja ermordet. Wie hätten aber 20 000 westgotische Krieger ein römisches Territorium von etwa 800 000 Quadratkilometern und 10 Millionen Einwohnern unterwerfen können? Ohne römische Unterstützung und Legitimierung hätte sich Theoderich der Große (Frage 88) niemals in Italien gehalten. Etwa 3 Millionen Römer standen in Afrika rund 15 000 Vandalen gegenüber. Selbst wenn sie gewollt hätten, hätten die Germanen das Römerreich nicht zerstören können. Tatsächlich wollten sie sich in der römischen Welt auf römische Weise einrichten (Frage 57), wie dies vor ihnen die Kaiser und ihre Eliten aus Spanien, Gallien und dem Balkan getan hatten. Im Unterschied zu ihren Vorgängern haben sie allerdings das Imperium und die Universalität seiner Lebensordnungen und Lebensformen nicht erneuert, sondern in der westlichen Reichshälfte aufgegeben. Ihnen «genüge» der eine Imperator in Konstantinopel, und diesen Kaiser der Römer verehrten die königlichen Erben des Westreiches ebenso als ihren Herrn und Vater wie sie den Vorrang und das Vorbild von Byzanz viele

Jahrhunderte hindurch fraglos anerkannten. Erst Karl der Große (768–814) stellte das westliche Römerreich als ein Imperium wieder her, das dem oströmisch-byzantinischen Reich nun gleichwertig, wenn auch nicht gleichrangig gegenübertrat. Diese Restauration wurde am Weihnachtstag 800 durch die Krönung und Salbung (Fragen 42 und 43) sichtbar dargestellt, die der Papst in der Stadt Rom an Karl vornahm. Staatsrechtlich beruhte sie auf einer dreifachen Grundlage: auf dem vom Vater 768 ererbten Königtum über die seit «jeher rechtgläubigen» Franken (Frage 75), auf dem seit 774 vertraglich erworbenen Königtum über die «überaus katholischen» Langobarden (Frage 77) sowie auf der von Basileus und Papst anerkannten Schutzherrschaft über die Stadt Rom, die im Titel *Patricius Romanorum* zum Ausdruck kam. So stellte der Weihnachtstag 800 die Verbindung her vom Imperium Romanum und «seinen» Germanen über das Karolingerreich der Franken zum hochmittelalterlichen Reich der Deutschen.

Königsgeschlechter

61. Wer waren die Amaler? Die Amaler galten um 500 wegen der Erfolge Theoderichs des Großen (Frage 88) und gestützt auf ihre lange Ahnenreihe als die ranghöchste germanische Königssippe. Ihr Name bedeutet wahrscheinlich soviel wie die Starken und Ausdauernden. Den «international» wirkenden «Glanz der Amaler» hat allerdings erst Theoderich geschaffen, und zwar nicht zuletzt dadurch, daß er den Auftrag zu einer im Sinne der Amaler geschriebenen *Gotengeschichte* (Frage 16) gab, deren Fertigstellung er freilich nicht mehr erlebte. Darin heißt es: Als die Goten erkannten, daß sie ihre Siege dem Glück der Amaler verdankten, hätten sie diese als *Ansis* akklamiert. Dieser Satz enthält die bei weitem früheste Nennung der A(n)sen, die im hochmittelalterlichen Skandinavien als das erste Göttergeschlecht bezeugt sind (Frage 44). Mit der Nennung der amalischen Ansis verband der Autor eine 17gliedrige Genealogie des Geschlechts, das für ihn als Christen selbstverständlich nicht von Göttern abstammen konnte. Damit scheint, wie so oft, wenn man kontinentale und skandinavische Zeugnisse miteinander in Einklang bringen will, die chronologische Abfolge auf den Kopf gestellt. Allerdings war man auch im Ravenna des

6. Jahrhunderts der Meinung, die Amaler seien «keineswegs rein menschlichen Ursprungs», sondern Halbgötter und Heroen gewesen. Und tatsächlich beginnt ihr Stammbaum nicht, wie zu erwarten wäre, mit Amal, «bei dem das Geschlecht seinen Anfang nahm», sondern mit Gaut. Dieser war aber der göttliche Ahnherr und Namengeber der Gauten, das heißt eines skandinavischen Volkes, nach dem heute noch das götische Südschweden benannt ist. Zum Gautengott geworden, rühmt sich der skandinavische Odin seines «früheren» Namens Gautr. Denkt man diese Geschichte in ihrer Sprache weiter, konnte Odin erst zum Gautengott werden und die Götterherrschaft an der Spitze der A(n)sen antreten, nachdem der ansische Amal, der vierte des Stammbaums, Skandinavien verlassen hatten. Tatsächlich ist die gautische Tradition nicht bloß mit den Goten, sondern auch mit anderen Wandervölkern mitgezogen. Die Langobardenkönige Audoin und Alboin galten als Gausen (Gauten). Im Namen des sächsischen Stammesgründers Hathugaut-Hathagat bildet Gaut das Grundwort. Mit Gaut-Géat beginnen die Stammtafeln angelsächsischer Königsfamilien, wenn man sie über Wodan hinaus erweiterte.

Die historische Auswertung derartiger Göttergeschichten fällt schwer, da sie bestenfalls für ungefähr datierbare Kulturbewegungen stehen. Wann aber wird der Stammbaum der Amaler historisch, möchte man fragen. Der erste von ihnen, der sich möglicherweise mit historischen Ereignissen verbinden läßt, ist Ostrogotha. Er nimmt den sechsten Platz in der Amaler-Genealogie ein und könnte um 290 bereits im Raum nördlich von Donau und Schwarzem Meer gelebt haben. Die *Gotengeschichte* (Frage 16) kennt ihn als Heros *eponymos*, das heißt als namengebenden Begründer der Ostrogothen (Ostgoten), und zeigt damit an, daß bei den östlichen der in zwei Völker gespaltenen Goten (Frage 70) eine neue Königssippe die Herrschaft übernommen hat. Erst mit Ostrogotha dürften nämlich die Amaler zu Königen der östlichen Goten geworden sein. Eindeutig historisch wird die amalisch-gotische Geschichte jedoch mit Ermanerich, einem Angehörigen der zehnten Generation. Dieser König der Ostrogothen beherrschte während des 4. Jahrhunderts viele Jahrzehnte lang ein Reich, das sich vom Schwarzen Meer bis zum Ural und zur Ostsee erstreckte. Als er den Hunnen keinen Widerstand mehr leisten konnte, gab sich spätestens 376 selbst den Tod. Mit ihm endete für viele Jahrzehnte die gotische Selbständigkeit. Diejenigen Goten, denen nicht die Flucht ins Imperium Romanum gelang, wurden von den Hunnen (Frage 72) abhängig. Trotzdem ging die amalische Tradition nicht unter. Die Vatergeneration Theoderichs des Großen blieben Amaler auch unter hunnischer Herrschaft, da sie «edler waren als der König Attila (Frage 86), dem sie dienten». Der letzte Amaler, den die «Gotengeschichte» nennt, war Athalarich, der wenig ruhmreiche Enkel des großen Theoderich. Er steht für die 17. Generation der Amaler. Der 17. Platz innerhalb einer Genealogie hat besonderer Bedeutung, wie biblische, römische und germanische Parallelen zeigen. Noch die heutigen Schweden sagen siebzehn, wenn sie fluchen wollen, ohne den Namen des Teufels zu nennen. Mit dem Amalernamen waren offenbar viele mythische Energien verbunden. Kein Wunder, daß die germanische Heldensage des Kontinents von Amelungen spricht, wenn sie die Goten meint.

62. Wer waren die Balthen?   Für die *Gotengeschichte* (Frage 16) sind die Amaler (Frage 61) das legitime Königsgeschlecht der Ostgoten und die Balthen das der Westgoten (Frage 70). Während aber zahlreiche Amaler namentlich bekannt sind, wird nur Alarich I. (Fragen 60 und 85) ausdrücklich als Balthe bezeichnet. Die *Gotengeschichte* berichtet zum einen, *baltha* bedeute «kühn», zum andern, der Adel der Balthen besitze zwar unter den Goten nur den zweiten Rang nach den Amalern, aber sie seien von «wunderbarer Herkunft». Daher besteht guter Grund, nach den Vorfahren und Nachkommen Alarichs I. zu fragen. Wahrscheinlich waren die Richter der Terwingen/Westgoten im 4. Jahrhundert alle Balthen. Der ranghöchste Fürst, der die Terwingen 376 über die Donau ins Römerreich führte, hieß Alaviv und könnte Alarichs Vater gewesen sein. Was Alarichs Nachkommen betrifft, war zumindest ein Sohn des Westgotenkönigs Theoderid (418–451) sein Enkel. Die Historiker nennen daher Theoderid, dessen Familie bis 531 herrschte und die den Zeitgenossen als «Geschlecht von Königen und Heroen» galt, den Stammvater der «jüngeren Balthen». Außer der tolosanischen Königssippe könnten auch die Nachfolger der 434 ausgerotteten Burgunderkönige (Frage 74) Balthen gewesen sein.

63. Wer waren die Merowinger?   Wie die Amaler (Frage 61) bei den Goten den höchsten Rang einnahmen, stand an der Spitze der Franken das Geschlecht der «langhaarigen Könige», für die seit dem 7. Jahrhundert der Merowinger-Name überliefert ist. Dieser stellt ge-

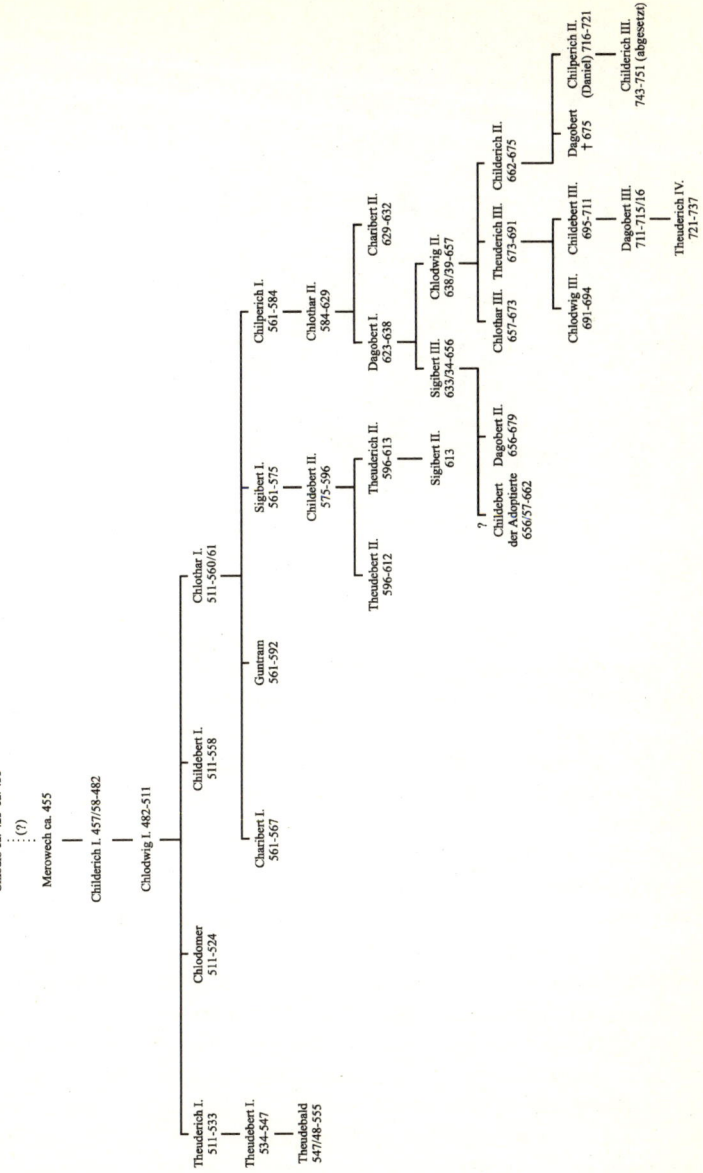

Abb. 20: Stammbaum der Merowinger

Abb. 21: Siegelring
Childerichs,
5. Jh. n. Chr.

genüber dem der Amaler und Balthen (Fragen 61 und 62) eine jüngere germanisch-romanische Mischbildung dar. Man kennt 14 merowingische Generationen. Das Geschlecht hat seinen Namen nach einem Merowech, an den man sich allerdings bereits im 6. Jahrhundert nur ungenau erinnerte. Damals wußte man die Frankenkönige Chlodio (ca. 425–455) und Childerich I. (457/58–482) historisch und chronologisch einzuordnen, während es gleichzeitig von jenem Merowech nur heißt, «einige behaupten», er stamme aus dem Geschlecht Chlodios und sei der Vater Childerichs und damit Großvater Chlodwigs I. (Frage 90) gewesen. Erst im späteren 7. Jahrhundert wird daraus die Abfolge: Urgroßvater, Großvater, Vater und Sohn konstruiert und zugleich in Frage gestellt: Chlodio sei nämlich mit seiner Frau zum Baden ans Meer gegangen. Als diese ins Wasser stieg, sei sie von einem «Meeresungeheuer mit Stierkopf», *bistea Neptuni Quinotauri,* angefallen worden. «Ob sie nun von dem Untier oder ihrem Mann (oder von beiden?) empfing – sie gebar jedenfalls einen Sohn mit dem Namen Merowech, nach dem später die Könige der Franken Merowinger genannt wurden.» Die Quelle entstand bereits in einer Zeit, da der im 6. Jahrhundert beliebte Name Merowech nicht mehr gebraucht wurde und das Geschlecht den Höhepunkt seiner tatsächlichen Macht längst überschritten hatte. Hat sich der Autor über die Merowinger lustig gemacht und die Travestie einer «heiligen Hochzeit» mitgeteilt? Und wenn ja, hatte die Geschichte «ursprünglich» doch kultische Bedeutung gehabt? Sollten die Anspielungen auf Neptun und Minotaurus bloß des Autors klassische Bildung verraten? Auf derartige Frage wissen wir heute – im Unterschied zu unseren Vorgängern – im Grunde keine Antwort. Vielleicht sollte man diesen Merowech von einem wesentlich früheren, aber in Vergessenheit geratenen Gründerheros gleichen oder ähnlichen Namens trennen. Dagegen ist sicher, daß ein bischöflicher Zeitgenosse Chlodwigs den König nach der Taufe aufforderte, ab nun mit seiner edlen Herkunft zufrieden zu sein und der göttlichen Abstammung abzuschwören. Sicher ist auch, daß keiner der Königssöhne, die im 6. Jahrhundert Merowech hießen, jemals zur Herrschaft gelangte. Schließlich ist sicher, daß die Merowinger erst durch die enormen Erfolge Chlodwigs I. ihren Rang als erstes fränkisches Königsgeschlecht erhielten. Sie haben diesen bis auf Dagobert I. (623/29–639) (Frage 91) fünf Generationen lang behaupten können. Sechs weitere Generationen behielten sie nur mehr nominell die Herrschaft, bis der Karolinger Pippin I. (III.) 751 den letzten Merowinger absetzen konnte und selbst «nach Frankenbrauch» zum König erhoben wurde.

 ## Germanische Völker

64. Bestanden die Germanen aus Völkern oder Stämmen? Wenn lateinische Quellen fremde oder eigene politisch geeinte Gruppen bezeichnen, verwenden sie auch noch im Mittelalter das Wort *gens*, das lange Zeit ohne Bedenken, ja voller Überzeugung mit «Stamm» übersetzt wurde. Nach den Befreiungskriegen gegen Napoleon suchten die deutschen Historiker an die Zwölf Stämme des Auserwählten Volkes anzuknüpfen und damit den deutschen Stämmen gemeinsam mit einem angenommenen deutschen Gesamtvolk eine vergleichbare Rolle zuzuschreiben. Ebenso wurde der naturwüchsige Stamm dem modernen bürokratischen Nationalstaat entgegengesetzt. Ganz anders nach der Reichsgründung von 1871: Nun sollten die deutschen Stämme

seit jeher bloße Unterabteilungen eines einzigen geeinten deutschen Volkes gewesen sein, das es allerdings nie gegeben hat. Heute versteht man den Stamm wieder vielfach als naturwüchsige Wesenheit und lehnt deswegen die Verwendung des Begriffs entschieden ab. Nun wäre die Annahme, eine als Stamm bezeichnete Gruppe sei naturwüchsiger genetischer Herkunft gewesen, ohne Zweifel unerwünscht. Aber eben diese Vorstellung transportieren auch die quellengerechten Ausdrücke wie *gens, natio, génos, genus, genealogia*. Sie alle, unter Einschluß des modernen Nationenbegriffs, haben von der Wortbedeutung (Etymologie) her etwas mit Zeugung und Geburt zu tun. Wir müssen daher in jedem Fall gegen die Quellensprache interpretieren, um Anachronismen und falsche Assoziationen zu vermeiden. Allerdings bietet sich ohnehin der Volksbegriff als gute Alternative an. Das Volk ist dem Wort nach das Heer, die Kriegerschar, die «folgt». Die Ersetzung von Stamm durch Volk ist aber nicht überall möglich. Sie scheitert schon bei der Stammesbildung, da Volksbildung im Deutschen ein Synonym von Volkserziehung ist. Stammesgenosse ist wirklich kein schönes Wort; aber niemand wird heute an seiner Stelle «Volksgenosse» sagen, weil dieser Begriff nicht bloß ebenso häßlich klingt, sondern weil er durch seine nationalsozialistische Vergangenheit belastet ist. Das gleiche gilt vom Eigenschaftswort «völkisch». Folgt der Schluß, unsere Sprache transportiert in jedem Fall unliebsame Vorstellungen. Wenn man es deswegen nicht vorzieht zu schweigen, muß man die vorhandene Sprache gebrauchen, und zwar im Bewußtsein ihrer Belastungen und Tücken. Daher – die Germanen bestanden aus Völkern und Stämmen, und es bleibt jedem überlassen, sich den Begriff zu wählen, der ihm am besten gefällt. Vielleicht wäre ein quantitatives Kriterium in die Diskussion einzuführen: Völker sind eher größere, Stämme eher kleinere politische Körper.

65. Was bedeutet Ethnogenese?   Heute wie einst bedeutet Genese/Genesis soviel wie Werden und Entstehen, während mit Ethnos eine politische Gruppe, ein Volk oder Stamm (Frage 64) gemeint ist. Offenbar war es die russische Sozialforschung, die den Begriff «Ethnogenese» in die Wissenschaft einführte. Von ihr borgte ihn die russische wie die Archäologie der Nachbarn und gab ihn an den Westen weiter. Hier wurde der Begriff gerne übernommen, um den bedenklich gewordenen Ausdruck «Stammesbildung» ersetzen zu können. Im Griechischen unserer Tage heißt aber «tò éthnos hellenikòn» die griechische Staatsnation samt ihren vlachischen, albanischen und slawischen Minderheiten. Für die griechischen Kollegen ist daher das griechische Wort *ethnogénesis* nur beschränkt verwendbar. Das gilt aber auch – wie etwa in Spanien oder den USA – für Länder, wo man das Wort «ethnisch» als Bedrohung der nationalen Einheit empfindet. Dagegen spricht aber, daß dieser Fachausdruck für die Entstehung von Völkern und Nationen in Vergangenheit und Gegenwart den Vorteil hat, in allen Sprachen verstanden zu werden, die griechische Wörter unübersetzt übernehmen können.

Eine Ethnogenese ist niemals abgeschlossen. Eine neue Ethnogenese wird oftmals durch ein primordiales Ereignis, wie eine gewonnene Schlacht oder das Überschreiten von Meeren und Flüssen (Frage 67), ausgelöst und ist dann erfolgreich, wenn sie einen gentilen Sondernamen hervorgebracht hat. Will man wissen, ab wann dieser Sondername bereits existierte, darf man vom Zeitpunkt, da die Schriftquellen diesen erstmals vermerken, eine, höchstens zwei Generationen zurückrechnen. Umgekehrt läßt sich auch für das Verschwinden gentiler Sondernamen ein ähnlicher Zeitraum feststellen. So kennen die Quellen eine Generation nach ihrer Aufnahme ins Römerreich keine aktuellen Terwingen und Greutungen und sprechen nur mehr von Goten (Frage 70).

66. Was versteht man unter der Identität eines Volkes? In den Sozialwissenschaften bedeutet Identität die potentiell explosive Mischung aus Selbstbild, Fremdbild und Wunschbild. Gute Beispiele bietet dafür die gotische Geschichte: Im Selbstbild dominierten sozioökonomische Freiheit und homöisches Bekenntnis (Frage 50), *libertas Gothorum* und *lex Gothica*, aber auch die Bereitschaft zumindest der Königsfamilie, ihre Angehörigen «nach dem Gleichnis der römischen Herrscher» zu erziehen. Im Fremdbild waren die Goten einerseits das «Gift des Staates», Häretiker und Trunkenbolde, galten aber andrerseits auch als militärische Beschützer der Römer, wofür ihnen entsprechende Abgaben zustanden. Für den römischen Spanier und katholischen Bischof Isidor von Sevilla (gestorben 636) haben die Goten Spanien von den Römern befreit und damit die politische Einheit der iberischen Halbinsel geschaffen. Das Wunschbild der Goten zielte schließlich auf völlige Anerkennung und Integration (Frage 57) ab. So verlangte Theoderich der Große (Frage 88) die Aufgabe der materiellen Beigabensitte und die Errichtung der gotischen Gräber nach römischem Vorbild, wie er ganz allgemein feststellte, daß ein guter Gote die Römer nachahme, ein schlechter Römer die Goten. Identität ist demnach nicht etwas, das einem gleichsam übergestülpt, in das man ohne sein Zutun einbezogen wird, sondern etwas, das vom einzelnen aktiv gewollt und angestrebt werden muß. Und als solcher hat der Identitätsbegriff noch lange nicht ausgedient, weil er nicht bloß die Entstehung und Existenz der «Frühen Völker», sondern auch das Werden moderner Nationen erklären hilft.

67. Woher kamen die ...? Wer waren die ...? Die beiden Fragen sind zum einen sehr beliebt, zum andern historisch nicht schlüssig zu beantworten und zum dritten so nahe miteinander verwandt, daß es sich empfiehlt, sie gemeinsam zu behandeln. Die Ursprünge eines Volkes sind nämlich Teil seiner alltäglich zu beweisenden Identität (Frage 66); sie werden in der (jährlichen) Wiederholung der Ursprungsgeschichte – siehe das christliche Ostern oder das jüdische Pessah – gefeiert und damit am Leben erhalten. Sinn und Identität stiftende Ursprünge ereignen sich je in der Gegenwart und werden daher in dieser Zeitform überliefert. Noch die Gründonnerstagsliturgie bestimmt den Zeitpunkt der Einsetzung des Abendmahls mit den Worten: «Das ist heute.» Ebenso verwendet Tacitus das Präsens, wenn er im zweiten Kapitel der *Germania* den germanischen Ursprungsmythos erzählt (Frage 44).

Ursprungsmythen nachzuerzählen und sich gleichzeitig davon als unhistorisch zu distanzieren, wäre die ebenso einfachste wie den Leser am wenigsten befriedigende Art, eine Antwort zu geben. Überlieferungen werden vielfach erfunden, und die von göttlichen Ursprüngen eines Volkes notwendigerweise immer. Das gilt auch von den ursprünglichen Wandersagen. Sie berichten von einer Gründungstat, einem *primordium*. Diese geschah zumeist als «Grenzüberschreitung», das heißt, nach der Überwindung eines Meeres oder großen Flusses (Rhein, Donau, Don) und/oder einer wider Erwarten siegreichen Schlacht und erhielt in der Überlieferung konstitutive Bedeutung. Dabei wurden nicht selten Volksname und Verfassung geändert. Auch standen an solchen Gewässern häufig die «Städte der Frauen», mit deren Einnahme die Besiegung der Amazonen einherging und die barbarische Vorgeschichte überwunden wurde (Frage 24).

Aber was sagt die Geschichtswissenschaft zum Thema? Wir wissen heute viel weniger, als unsere Vorgänger zu wissen meinten. Trotzdem sind es deren Ergebnisse, die jeder historische Atlas wiedergibt, ja wiedergeben muß, weil weder die Möglichkeitsform noch «wir wissen es nicht» gezeichnet werden können. Man nehme zum Beispiel das Blatt «Völkerkarte zur Völkerwanderung» und suche die vielen farbigen Flächen und Pfeile zu entwirren, die den einzelnen Völkern zugeordnet werden (vgl. Karte in Frage 70). Auf diese Weise lassen sich «Urheimaten» (Frage 10) feststellen sowie Stammbäume von Wanderungen aufstellen. Aber wo und vor allem was sind die einzelnen Völker gewesen, bevor man meint, sie aufgrund der schriftlichen Überlieferung lokalisieren zu können? Wie sind sie in jenem zeitlichen «Irgendwo» entstanden? Hat es so etwas wie eine «Urheimat» je gegeben? Oder haben die Völker seit ihrer ersten Lokalisierung ihre Identität unverändert erhalten, wie man in älteren Fachbüchern lesen kann? Auf diese Fragen läßt sich nur so viel sagen, daß die Annahme einer unveränderlichen und unveränderten ethnischen Identität das genaue Gegenteil der Überlieferung darstellt und daher moderne Konstruktion ist. Obwohl es heißt, «alle haben sich auf den Weg gemacht», sind viele unterwegs zurückgeblieben und/oder haben sich anderen Völkern angeschlossen. Umgekehrt sind zahlreiche Angehörige anderer ethnischer Gruppen mitgezogen und haben am Wir-Gefühl des dominierenden Volkes teilgenommen. Die gentile Herkunft wird auf diese Weise eine Funktion der ethnischen Identität; sie mündet in und bewirkt stets neue Ethnogenesen (Frage 65).

68. Wer waren die Kimbern und Teutonen?   In den beiden letzten Dekaden des 2. vorchristlichen Jahrhunderts suchte der Kimbern- und Teutonensturm Europa von der Savemündung bis zum Ebro heim. Den Zeitgenossen galten die beiden Völker als Kelten, und tatsächlich hatten sich keltische Völkerschaften Mitteleuropas der germanischen Wanderlawine angeschlossen. Um 120 v. Chr. verließen Kimbern und Teutonen mit Ambronen und Haruden wohl den Norden Jütlands (Frage 10) und drangen bis ins Land der keltischen Skordisker an Save, Drau und Donau vor. Danach griffen sie die mit Rom verbündeten Noriker an und schlugen im Jahre 113 v. Chr. bei Noreia, einem nicht näher bestimmbaren Ort im heutigen kärntnerisch-steirischen Raum, ein konsularisches, das heißt, ein aus zwei Legionen zu je 6000 Mann bestehendes Römerheer. Darauf zogen sie über die Donau nach Norden und überquerten nahe der Mainmündung den Rhein. Im Süden Galliens errangen sie 109 und 105 v. Chr.

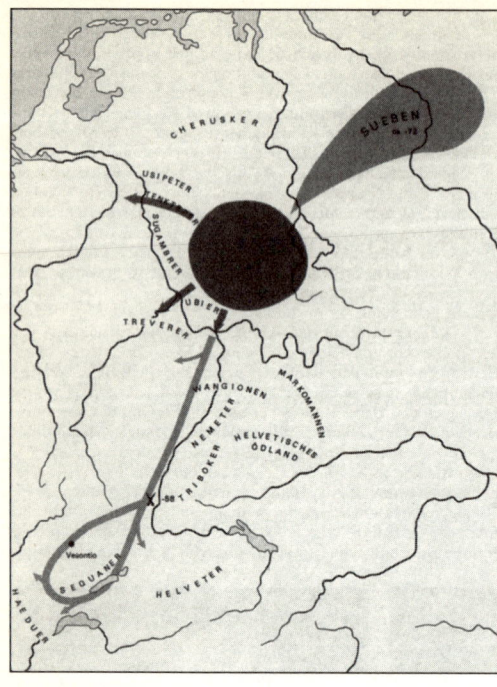

Abb. 22: Wande-
rungen der Sueben,
1. Jh. v. Chr.

abermals zwei Siege über die Römer, worauf sie sich teilten und die
Kimbern bis über den Ebro nach Spanien vorstießen, während die
Teutonen und Ambronen das Innere Galliens verheerten. Nach kur-
zer Wiedervereinigung der beiden Heerhaufen zwischen Loire und
Seine trennten sie sich erneut und zogen in Richtung Italien. Noch in
der Provence wurden die Teutonen und Ambronen 102 v. Chr. bei
Aquae Sextiae (Aix-en-Provence) vom römischen Feldherrn Marius
vernichtet. Ein Jahr später fanden die Kimbern das gleiche Schicksal
in der Poebene bei Vercellae (Vercelli). Die Siege von Aquae Sextiae
und Vercellae wurden der römischen Politik zum Vermächtnis, die
Wiederholung derartiger Schrecken für alle Zeiten zu verhindern,
aber auch zur Gewißheit, daß selbst nach den schlimmsten Niederla-
gen am Ende die Römer siegen, sofern ein Marius zur Stelle ist.

69. Wer waren die Sueben? Als das suebisch dominierte Heer Ariovists (Frage 80) um 70 v. Chr. den Rhein überschritt und bis zur gallischen Saône vorstieß, wurden die Sueben zeitgleich mit dem Germanennamen der antiken Welt bekannt. Ein Suebe war «einer, der zu einem Verband eigenen Rechts gehört, der ein Echter ist» (Wolfgang Haubrichs). Suebisch stand aber auch für ein offenes, multigentiles, Angehörige verschiedener Völker anziehendes und aufnehmendes System, das starke expansive Kraft entwickelte. Alle Welt wollte den Suebenknoten (Frage 27) tragen. So vermitteln die römischen Quellen bis um Christi Geburt den Eindruck, als ob die Sueben fast die gesamte *Germania magna* (Frage 6) zwischen Rhein und Elbe bevölkerten oder beherrschten. Dagegen wirkte die römische Politik so erfolgreich, daß die Sueben um 100 n. Chr. zwar immer noch eine große Völkergruppe bildeten, sich aber bis über die Elbe und den Herkynischen (Böhmer) Wald nach Osten zurückgezogen hatten. Davon unterschied sich die Situation an der Donau, wo die Römer weiterhin mit suebischen Völkern, wie den Markomannen und Quaden (Frage 84), in unmittelbarer Nähe der Reichsgrenze rechnen mußten. Als Markomannen und Quaden um 400 die Donau überschritten und sich vornehmlich im römischen Pannonien niederließen, gaben sie ihre Sondernamen auf und wurden «wieder» zu Sueben. Dagegen trat um die Mitte des 3. Jahrhunderts im alten suebischen Siedlungsgebiet entlang des oberrätisch-obergermanischen Limes ein neuer Name auf, nämlich der der Alemannen (Fragen 7 und 78). Eine Quelle des 6. Jahrhunderts bezeichnete sie aufgrund ihres Namens als ein «zusammengewürfeltes Mischvolk». Moderne Linguisten haben auch die Etymologie «Alle Menschen» erwogen. Diese Theorien berücksichtigen nicht die besser begründete philologische Einsicht, wonach der Alemanne etymologisch kein «Mischling», sondern ein «echter, ein Vollmensch» ist (Wolfgang Haubrichs). Diese Deutung liefe gerade auf das Gegenteil der beliebten und eingeführten Erklärung hinaus und würde ziemlich das gleiche wie der alte Sueben-Name bedeuten. Von etwa 250 bis 500 beherrschten die Alemannen das Land rechts und bald auch links des Oberrheins, bis im 6. Jahrhundert die Sueben hier «wieder» auftauchten und den Alemannen gleichgesetzt wurden. Damit begann eine allmähliche Ablösung des Alemannen-Namens, der im Hochmittelalter gänzlich verschwand und erst in der Romantik literarisch wiederentdeckt wurde, um heute noch der vermeintlich «uralten» badischen Identität (Frage 66) einen beliebten Ausdruck zu verleihen.

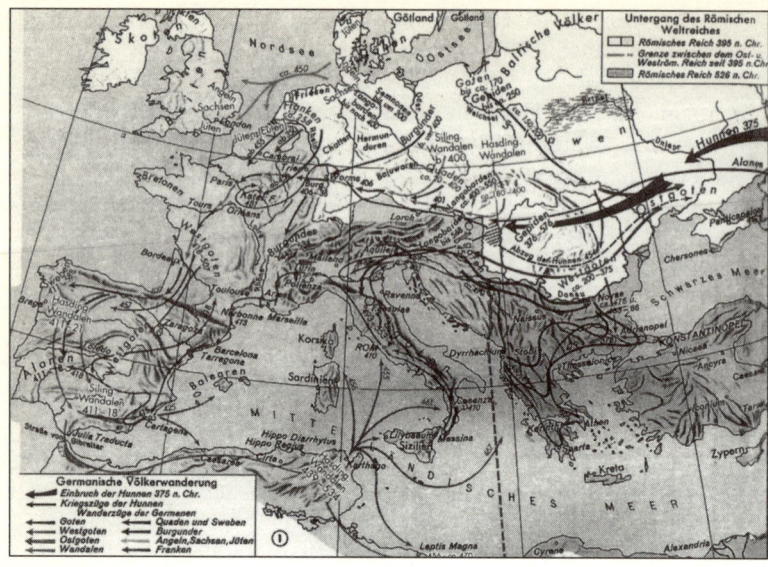

Abb. 23: Karte der Völkerwanderungen vom 4.-6. Jh. n. Chr.

70. Woher kamen und wer waren die Goten? Auf «Völkerkarten zur Völkerwanderung» wird den Goten als den spektakulärsten Wanderern der Antike ein leuchtendes Rot zugeordnet. Nach der modernen Geographie beginnt das gotische Farbenspiel in Südschweden, setzt sich um Christi Geburt an der Weichselmündung fort und geht von dort ab 150 weiter in den Süden der Ukraine und Rußlands unter Einschluß der Krim. Allerdings erreichen diesen Raum nur die Ostgoten; die Westgoten haben sich von ihnen schon vorher am Dnestr getrennt und nach Rumänien gewandt. Mit dem Einbruch der Hunnen (Frage 72) kommt 375/76 wieder Bewegung in die roten Pfeile: sie überqueren die untere Donau, setzen sich auf römischem Reichsboden fort und durchmessen dann die ganze Balkanhalbinsel und Pannonien, bis sie einerseits – etwas verkürzend – 418 im westgotischen Südfrankreich und vor allem und besonders dick ab 500/07 in Spanien, aber auch ebenso dick 488/93 im ostgotischen Italien Theoderichs des Großen (Frage 88) enden. Hier ist dann 552/555 mit der Niederlage gegen Narses, auf der iberischen Halbinsel aber erst 711 mit der Katastrophe von Arcos de la Frontera Schluß.

Damit scheint doch die Frage «Woher kamen die Goten?» beantwortet. Die schriftlichen Quellen bezeugen aber den Gotennamen erst ab der Mitte des 3. Jahrhunderts, und zwar weder in Skandinavien noch an der Weichselmündung, sondern links der unteren Donau. Die «Goten» im heutigen Nordpolen waren genau genommen die Gutonen, die von Christi Geburt bis 150 n. Chr. erwähnt werden. Kann man es noch mit sprachlichen und archäologischen Mitteln einigermaßen wahrscheinlich machen, daß sie die Vorfahren der osteuropäischen Goten waren, ist ihre Herkunft aus Skandinavien trotz solcher Namen wie Gotland und Götland ein ungelöstes Problem. Zu allem Übel stellt die Frage «Wer waren die Goten?» die Herkunftsfrage als ganzes wieder in Frage. Sobald nämlich die Goten in den antiken Quellen genannt werden, bestehen sie aus vielen verschiedenen germanischen wie nichtgermanischen Völkern, nämlich aus Balten, Finnen, Thrakern, Bastarnern, Vandalen (Frage 73), Alanen, Hunnen (Frage 72), aus sarmatischen und iranischen Völkern, aus Römern, Griechen, Gepiden, Erulern, Rugiern, Skiren, Sueben, Alemannen, Bulgaren und so weiter und so fort – und aus Goten. Für diese kommen im 4. Jahrhundert zwei Namenpaare auf: Die Donaugoten sind die Terwingen, die Waldbewohner, und die Vesier, die Guten; die Goten in der heutigen Ukraine und in Südrußland heißen Ostrogothen, die östlichen Goten, oder Greutungen, die Goten am Strand (des Schwarzen Meeres). Nach langen Wanderungen war es einerseits der Erfolg ihrer Könige, die auf römischem Reichsboden die gotische Identität (Frage 66) erhielten und festigten, und andrerseits ihr Bekenntnis zum homöischen Glauben (Frage 50), zur *lex Gothica*. Ob die vorchristlichen Herkunftsmythen (Frage 16) der Könige, insbesondere die der Amalerkönige (Frage 61) an dieser Integration mitwirkten, kann aufgrund der bruchstückhaften Überlieferung nur vermutet werden. Allerdings heißt es einmal unmißverständlich, die Goten hätten erkannt, daß sie ihre Siege dem Glück der Amaler verdankten, die sie darum A(n)sen nannten, ihnen demnach den Namen der später in Skandinavien verehrten erstrangigen Götterfamilie gaben. Aber die Goten hatten sich in der spätantiken Welt auch selbst einen, ja den «ersten Namen unter den Völkern» gemacht, der das Jahr 711, den Untergang seines letzten, des spanischen Königreichs, noch um ein halbes Jahrtausend überlebte.

Woher kamen und wer waren demnach die Goten? Sie waren Menschen verschiedenster Herkunft, die sich zu verschiedenen Zeiten und in verschiedenen Gebieten zu einem Namen bekannten, der im Laufe einer mehr als 1000jährigen Geschichte durch ganz Europa wanderte und dabei lange Zeit an Attraktivität und gentiler Energie gewann.

71. Was wissen wir von den Krimgoten? Um die Mitte des 3. Jahrhunderts ging die Mehrzahl der gotischen Raubzüge von der Krim aus. Viele römische Gefangene kamen so auf die taurische Halbinsel und brachten das Christentum zu ihren Entführern. Unter den 325 in Nikaia versammelten Vätern wird gleich nach dem Bischof der Krim ein Theophilos der Gothia genannt. Dieser könnte der Vorgänger und Lehrer Wulfilas gewesen sein. Die krimgotische Gemeinde blieb freilich von den Auseinandersetzungen zwischen Katholiken und Homöern (Frage 50) – aus Einfalt oder aus Gründen der Entfernung – verschont. Im Jahre 404 bitten die Krimgoten den Patriarchen von Konstantinopel um einen Nachfolger für ihren seinerzeit von ihm eingesetzten und nun verstorbenen Bischof. Archäologische Funde bezeugen ganz allgemein die christliche Kontinuität; doch die schriftlichen Quellen schweigen lange Zeit über das Leben auf der Krim. Theoderich der Große (Frage 88) soll die Krimgoten zum Zug nach Italien eingeladen haben, was diese dankend ablehnten. Im Jahre 548 bitten die Goten der Halbinsel in Konstantinopel wieder um einen Nachfolger für ihren verstorbenen Bischof. Sie berufen sich auf ähnliche Maßnahmen Justinians gegenüber anderen Völkern und verlangen gleichzeitig politisch-militärische Hilfe gegen ihre hunnischen Nachbarn. Danach werden die Nachrichten wieder sehr spärlich. Aber jedes der folgenden Jahrhunderte kennt zumindest eine Erwähnung der Krimgoten. Um die Mitte des 13. Jahrhunderts berichtete über sie ein geborener Flame, der als franziskanischer Missionar die Krim besuchte, rund 200 Jahre später ein venezianischer Reisender, dessen deutscher Diener sich sehr gut mit den Krimgoten verständigen konnte. Ihre ausführlichste und zugleich letzte Erwähnung stammt jedoch von dem Flamen Ogier-Ghiselin de Busbecq, dem Gesandten Kaiser Ferdinands I. (1503–1564) in der Türkei.

72. Wieso kommen die Hunnen in einer Geschichte der Germanen vor? Die Hunnen waren ein aus vielen, völlig verschiedenen Ethnien «zusammengeklebter» Verband von Völkern der großen eurasischen Steppe und galten daher der antiken Welt als Skythen, wie die Völker am äußersten Rande der Welt hießen. Nur weil ein Augenzeuge die Personenbeschreibung Attilas (Frage 86) hinterließ, kann man mit einiger Sicherheit sagen, daß zumindest die hunnische Elite asiatischer Herkunft war. Im Jahre 375 überschritten Hunnen den Don, den die antike Geographie als Grenze zwischen Europa und Asien annahm, und griffen gemeinsam mit Alanen das Ermanerich-Reich an. Nach dem Selbstmord des Königs und mehreren siegreichen Schlachten unterwarfen sie den größeren Teil der Ostrogothen/Greutungen (Frage 70) und der von ihnen abhängigen germanisch-baltisch-sarmatischen Völker. Gleichzeitig verloren sie aber hunnische und alanische Dissidenten, die zusammen mit greutungischen Gruppen nach Westen flüchteten, um ins Römerreich aufgenommen zu werden. Niemals, auch nicht auf dem Höhepunkt ihrer Macht unter Attila, bildeten die Hunnen eine Einheit. Bereits 376 verwüsteten hunnische Heere das Gebiet des heutigen Donau-Rumänien. Die hier seit etwa 100 Jahren ansässigen Vesier/Terwingen (Frage 70) flohen in der Mehrzahl ins Römerreich, wo sie nach der Schlacht von Adrianopel (Frage 98) angesiedelt wurden. Die nördlich der Donau zurückgebliebenen Terwingen und Greutungen wurden hunnische Goten. Der mehr oder weniger freiwillige Anschluß vieler Völkerschaften verhinderte freilich die sofortige Konsolidierung und Entstehung eines Hunnenreichs nördlich der unteren Donau und des Schwarzen Meers.

Erst nach der Westverlagerung ihres Herrschaftsmittelpunkts gelang den Hunnen im ersten Drittels des 5. Jahrhunderts eine relativ stabile Reichsbildung an der mittleren Donau. Pannonien, das Alföld zwischen Donau und Theiß und der heute siebenbürgische Raum bildeten das Kernland, «wo die Hunnen mit verschiedenen anderen Völkern wohnten, die sie unterworfen hatten». Als Anführer dieser Kriegergemeinschaft wirkten die Attila-Onkel Oktar und Ru(g)a, der seinen Bruder beerbte. Während Rugas Alleinherrschaft hielt sich der zeitweilig entmachtete weströmische Reichsfeldherr Aetius (Frage 99) als Flüchtling bei den Hunnen auf. Ruga war der erste Hunnenkönig, der vom oströmischen Kaiser jährliche Zahlungen vertraglich zugesichert erhielt und von der Reichsregierung die Auslieferung hunnischer Überläufer verlangte. Als knapp vor 435 auch Ruga starb, folgten ihm die Brüder Bleda und Attila als Hunnenherrscher nach. Das nächste Jahrzehnt dürfte Bleda als der Ältere die hunnische Politik weitgehend bestimmt haben, weil er auch für ihre Mißerfolge geradestehen mußte. So kam Attila 444/45 durch Brudermord zur Alleinherrschaft und machte die hunnische Militärmaschine zu einer ernsten Bedrohung der beiden Römerreiche und des Perserreiches. Die Jahre bis zu Attilas Tod 453 genügten jedoch nicht, um aus der hunnisch-skythischen Alternative zur antiken Welt eine eigene dauerhafte Staatlichkeit zu entwickeln.

Im Jahre 451 kam es zur abgebrochenen und daher für die Hunnen verlorenen Schlacht auf den Katalaunischen Feldern (Frage 99) – ein Mißerfolg, der sich im nächsten Jahr 452 dramatisch wiederholen sollte. Attila griff Norditalien an, konnte neben anderen wichtigen Städten sogar Mailand erobern, aber eine Krankheit «vom Himmel» schlug das Reiterheer und zwang zu raschem Rückzug. Angeblich hatte diesen das persönliche Auftreten Leos des Großen bewirkt, der den Hunnenkönig vom Marsch auf Rom im persönlichen Gespräch abgehalten haben soll. Tatsächlich dürfte der Papst sich sehr beeilt haben, um Attila noch in Norditalien zu treffen. Die Katastrophen der beiden letzten Jahre übertraf 453 noch der «süße» Tod Attilas, der die letzte seiner vielen Hochzeitsnächte nicht überlebte. Der Untergang des Hunnenreichs war damit besiegelt. Eher 454 als 455 fand am Nedao, wahrscheinlich einem Seitenfluß der südpannonischen Save, die letzte einer Reihe von Schlachten statt, in denen die Hunnen und ihre gotisch-germanischen Verbündeten schwer geschlagen wurden. Letztere schüttelten darauf das hunnische Joch ab und nützten ihre «Freiheit» zur endgültigen Umgestaltung der römischen Welt.

73. Waren die Vandalen Vandalen?

Selbstverständlich waren die Vandalen keine Vandalen, die öffentliche Einrichtungen zertrümmerten. Erst das späte 18. Jahrhundert hat den Begriff «Vandalismus» als Bezeichnung für sinnlose Zerstörungswut geprägt. Im 1. nachchristlichen Jahrhundert wird der Vandalen-Name der Antike bekannt. In seiner Form *Vandili(i)* bildete der Name den Überbegriff für einen aus mehreren Völkern bestehenden Verband, darunter Burgunder, Gutonen/Goten und möglicherweise auch elbgermanische Langobarden (Fragen 70, 74 und 77). Die Archäologen interpretieren als vandalisch die Przeworsk-Kultur, die im wesentlichen zwischen Oder und Weichsel anzusetzen ist.

Sowohl die gotische wie die langobardische Herkunftsgeschichte (Frage 16) beginnt mit einem Sieg über die Vandalen. Möglicherweise spiegelt diese Überlieferung einen unbestimmt langen Prozeß, in des-

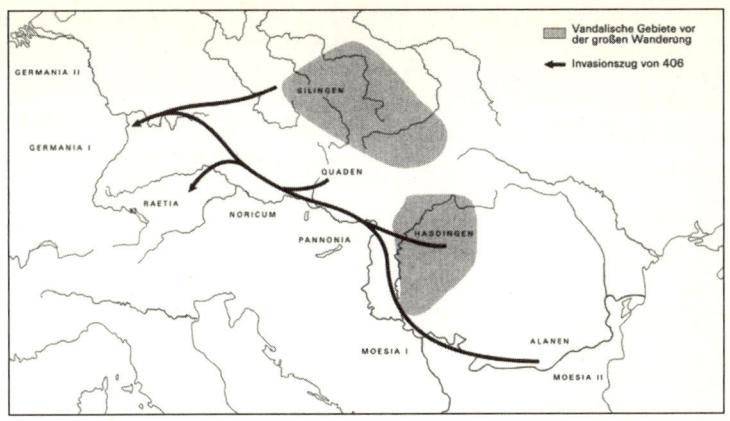

Abb. 24 a: Aufbruch der Vandalen aus ihren Stammgebieten

sen Verlauf sich um die Mitte des 2. nachchristlichen Jahrhunderts
die Gutonen an der unteren Weichsel wie wohl auch die Langobarden
an der unteren Elbe vom vandalischen Völkerbund lösten. Im 3. Jahrhundert schlossen sich vandalische Gruppen dem Gotensturm auf
das Römerreich an. Im 4. Jahrhundert werden die Hasdingen und die
Silingen als vandalische Hauptvölker deutlicher erkennbar. Während
letztere im heutigen Schlesien, dem sie ihren Namen gaben, siedelten,
ließen sich die Hasdingen als östliche Nachbarn der Quaden an der
oberen Theiß nieder. Beide Vandalenvölker standen unter Königen,
die sich knapp vor 400 an die Spitze einer großräumigen Völker-
Koalition stellten, die zum Aufbruch nach Westen bereit war. In der
Silvesternacht 406 setzten Vandalen, Alanen und Sueben mit ihren
Verbündeten – wohl zwischen Mainz und Worms – über den Rhein.
Mehr als zweieinhalb Jahre verwüsteten die Barbaren Gallien. Im
Herbst 409 überschritten Vandalen, Alanen und Sueben die Pyrenäen,
und «in den gleichen Flammen, in denen die Gallier gebrannt hatten,
begannen nun die Spanier zu brennen». Das Land blieb sich selbst
überlassen, so daß es die Einheimischen waren, die mit den Fremden
412/13 deren getrennte Niederlassung aushandelten und damit eine
relative Befriedung der Feinde erreichten. Ihre Zahl verringerte 416
eine im Namen des Kaisers durchgeführte Invasion der südgallischen
Westgoten, die jedoch den Zusammenschluß der restlichen Vandalen
und Alanen – die Sueben blieben in Nordwestspanien für sich – zu

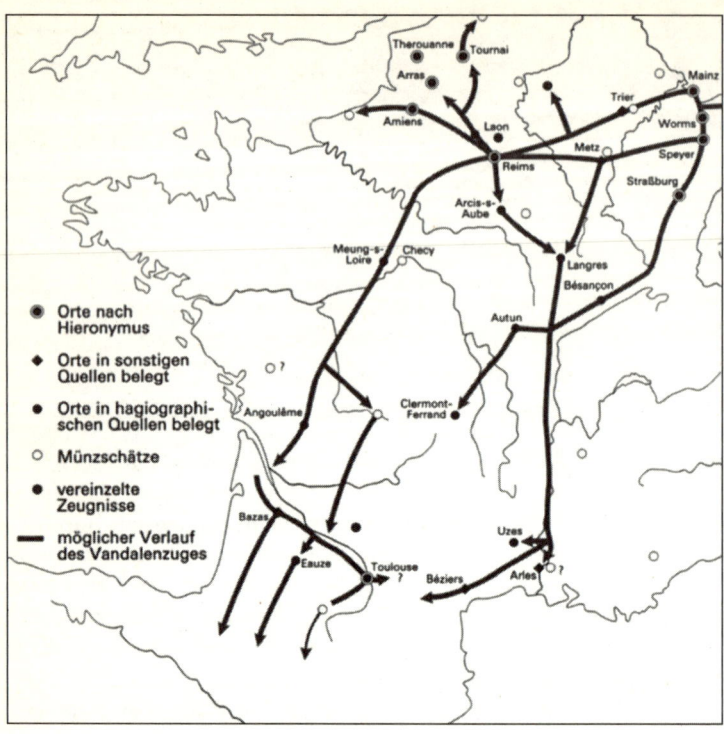

Abb. 24 b: Die Züge der Vandalen durch Gallien, 406–409

einem Großvolk bewirkte. Dieses verlagerte seinen Schwerpunkt an die südspanische Mittelmeerküste, wo sich die Vandalen in der Seefahrt zu üben begannen. Im Jahre 429 führte der König Geiserich (428–477) seine Völker in achtzig Tausendschaften nach Afrika.

Geiserich war «von mittelgroßer Gestalt und hinkte wegen eines Sturzes vom Pferd; er war von geistiger Tiefe, wortkarg, verachtete den Luxus, war jähzornig, habgierig, außerordentlich erfinderisch und vorausblickend, um die Völker gegeneinander aufzuwiegeln, bereit, Zwietracht zu säen und Haß zu verbreiten». So sahen ihn die Goten. Für die Griechen war er ein hervorragender Krieger und galt als ungewöhnlich erfolgreicher, vom Glück begünstigter Heerführer, der sehr bald mit Theoderich dem Großen (Frage 88) verglichen wurde. Geiserich, der Sohn des 406 beim Rheinübergang gefallenen

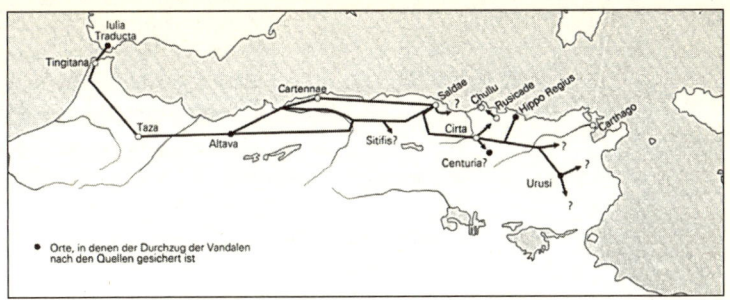

Abb. 24 c: Die Züge der Vandalen durch Nordafrika

Hasdingenkönigs und einer Unfreien, vielleicht sogar einer römischen Sklavin, war fast fünfzig Jahre lang ein «König der Vandalen und Alanen». Er war ein ebenso guter Organisator wie geschickter Diplomat, kurz, ein Herrscher, der – vor allem nach der Eroberung Karthagos (439) – in einem kornreichen, nach allen Seiten geschützten Land ein Königreich errichtet hatte, das es ihm erlaubte, mit der ganzen Welt, mit Ravenna und Konstantinopel, mit Goten und Hunnen (Fragen 70 und 72) von gleich zu gleich zu verkehren. Aufgrund der Erfahrung seines eigenen Herrschaftsantritts – er wurde den kleinen Söhnen seines Bruders vorgezogen – könnte Geiserich die Senioratserbfolge eingeführt haben, das heißt, der jeweils älteste männliche Familienangehörige wurde König. Was in seinem Fall – er blieb bis ins hohe Alter von an die 90 Jahre ein hinreißender Heerkönig – Erfolg hatte, bedeutete für die nächsten Generationen, daß die legitimen Vandalenkönige zu alt waren, als sie an die Regierung kamen. Die Zeit der weite Distanzen meisternden Flottenunternehmungen, wie 455 die Einnahme von Rom, waren mit dem Tod Geiserichs vorbei, vorbei war aber auch die Unterstützung der Berber, die häufig den Großteil der Landungstruppen gestellt hatten und nun zu Feinden der Vandalen wurden.

Geiserich hatte mit Ostrom im Jahre 474 ein «ewiges Bündnis», zwei Jahre später auch mit dem weströmischen Reich ein Abkommen geschlossen. Als der Vandalenkönig am 24. Januar 477 starb, hatte er den Untergang Westroms nur wenige Monate überlebt; sein eigenes Königreich schien hingegen für ewige Zeiten gesichert. Doch die Geschichte nahm einen anderen Verlauf. Gelimer (530–534) verstieß gegen die Erbfolgeordnung Geiserichs, brach den «Ewigen Frieden» von 474 und gab Justinian I. (527–565) den Kriegsgrund. Der Kaiser sandte seinen Feldherrn Belisar mit 5000 Reitern und 10 000 Infanteristen im Sommer 533 gegen das Vandalenreich, das alle Schlachten verlor. Gelimer durfte noch bis 534 den Vandalenkönig spielen, weil die kaiserlichen Soldaten samt ihrem übervorsichtigen Feldherrn vor dem kriegerischen Ruf der Vandalen allzugroßen Respekt hatten.

74. Wer waren die Burgunder? Auf welcher Insel auch immer ihre «Urheimat» (Frage 10) gewesen ist, zum ersten Mal werden die Burgunder um die Mitte des 1. Jahrhunderts als Untergruppe der Vandalen (Frage 73) erwähnt und dementsprechend hundert Jahre später zwischen mittlerer Oder und Weichselknie lokalisiert. Im 3. Jahrhundert hatten sie verlustreiche Kämpfe mit gotischen Völkern zu bestehen und wandten sich darauf nach Westen, wo sie «hinter» den Alemannen im heutigen Mittel- und Oberfranken seßhaft wurden. Hier nahmen die Burgunder Verbindung mit den Römern auf, mit denen sie sich verwandt glaubten. Zwischen 413 und 436 bestand mit römischer Hilfe das «Wormser» Burgunderreich, das aber vom römischen Reichsfeldherrn Aetius mit hunnischen Söldnern zerstört wurde. Der Untergang eines Königs Gundahar/Gunther und der Seinen im Kampf mit diesen Hunnen bildete den geschichtlichen Kern des Nibelungenlieds. War auch die historische Katastrophe schlimm genug, war damit die burgundische Geschichte anders als in der Sage nicht zu Ende. Im Jahre 443 veranlaßte derselbe Aetius die Übersiedlung der schwer geschlagenen Burgunder vom Rheinland ins Gebiet um den Genfer See. Das hier errichtete Burgunderreich hatte von 443 bis 534 Bestand und wurde dann Teil des merowingischen Frankenreichs (Frage 75).

Sprachwissenschaftliche Darstellungen selbst der jüngsten Zeit zählen die Burgunder zu den gotischen Völkern; wie diese war auch die burgundische Mehrheit lange Zeit homöisch (Frage 50). Aber dem Gallier Sidonius Apollinaris zufolge kamen die Burgunder aus dem Land östlich des Rheins und waren daher Germanen – eine Zuordnung, die kein spätantiker Ethnograph für gotische Völker vorgenommen hätte. Ihre geringe Zahl bestimmte die Burgunder, als Alternative zu den gallischen Reichen der Franken und Goten, eine offene Gesellschaft zu bilden, in der Römer wie Fremde gleichberechtigt miteinander lebten. Nicht zuletzt aufgrund dieser Politik entfaltete das «schwache», bald romanisierte Burgund eine starke

Wirkungsgeschichte, die bis in die frühe Neuzeit reichte, ja noch die Gegenwart bestimmt. Mit dem prestigeträchtigen Namen «Burgund» verbanden sich verschiedene historische Entwicklungen, Ereignisse, Institutionen und Überlieferungen. Soweit sich das einstige Burgund in die heutige Schweiz erstreckte, entstand *la Suisse romande*. Bevor die Karolinger das fränkische Königtum erlangen konnten, mußten sie sich in den «drei Reichen», in Austrasien, Neustrien und Burgund durchsetzen. Kaiser Konrad II. (990–1039) erwarb Burgund und vervollständigte auf diese Weise das mittelalterliche Imperium. Der Aufstieg des Habsburgerreichs zur europäischen Großmacht wurde erst möglich, nachdem Maximilian I. (1486–1519) die Erbin Burgunds geheiratet hatte. Die Schatzkammer des Wiener Kunsthistorischen Museums ist noch voll von den damals erworbenen Zimelien. Die wichtigsten mittelalterlichen Reformbewegungen und Ordensgründungen entstanden in Burgund. Aber auch jener, dem all das nichts bedeutet, wird auf den Burgunderwein kaum verzichten wollen.

75. Waren die Franken frei oder die Freien Franken?

Um die Mitte des 3. Jahrhunderts machten Völkerschaften von sich reden, die am Niederrhein unter den Namen «Franken» auftraten. Frank und frei. Ist der Franke ein Freier oder der Freie ein Franke? Wahrscheinlich erfolgte die endgültige Gleichsetzung von frei und frank, die auch die romanischen Sprachen übernahmen, erst im Frankenreich des 6. Jahrhunderts. Damals galt der Franke als der Freie schlechthin und unterschied sich dadurch vom Großteil der romanischen Mehrheitsbevölkerung, daß er – grob gesprochen – keine Steuern zahlte. Schon im 4. Jahrhundert erklärte man den Namen der Franken als «die Wilden» oder «die Kühnen», aber auch als «die Beschützten», womit die Bedeutung «die Freien» übereinstimmen würde. Anders als bei Goten, Vandalen und Burgundern (Fragen 70, 73 und 74) kann man aus den fränkischen Ursprüngen selbst beim besten Willen keine skandinavische Herkunftsgeschichte (Frage 16) konstruieren. Auch sind die Franken nicht – wie später von ihnen selbst behauptet – wie ihr Reichsheiliger Martin aus Pannonien gekommen. Vielmehr dürften sie etwa um 200 n. Chr. rechts des Niederrheins aus dem Zusammenschluß von germanischen Völkern, die die Römer schon lange kannten, entstanden sein. Zu denken wäre etwa an die Chamaven, Brukterer, Amsivarier, Chattuarier und wohl auch Chatten. Die fränkische Ethnogenese (Frage 65) wurde sicher

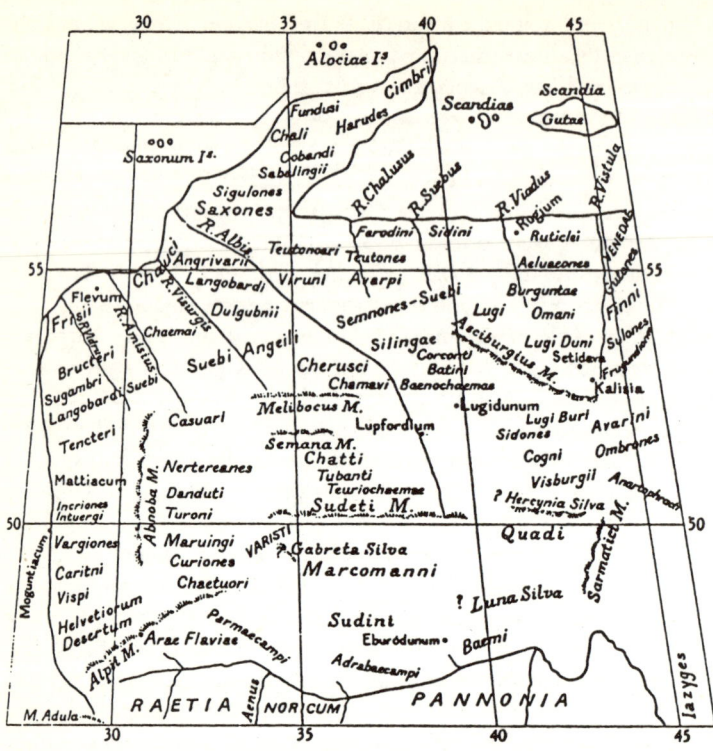

Abb. 25: Germania-Karte des Ptolemaios, 2. Jh. n. Chr., Rekonstruktion

auch dadurch gefördert, daß für alle der genannten Völker und noch einige andere Kleinstämme Köln einen wichtigen Bezugspunkt darstellte. Die fürstlichen Repräsentanten der Völker und Stämme mußten die in der Römerstadt stationierten Kommandeure des niedergermanischen Heeres aufsuchen, um vielerlei lebenswichtige Verhandlungen zu führen. In Köln haben sich die Fürsten aber auch getroffen, um gemeinsame Aktionen zu beraten und sich auf immer längere Dauer zu verbünden. Was Köln für die Franken, war Mainz für die Alemannen. Die enge Beziehung zur Rheinarmee erlaubte es fränkischen Großen, bereits während des 4. Jahrhunderts hohe und höchste Kommandostellen in der römischen Armee zu bekleiden, während den Alemannen immerhin das subalterne Offizierskorps offenstand. Eine weitere Folge war, daß die Römer nach der Aufgabe des Limes (Frage 54) die Germanen des Oberrheins als Alemannen und die des Niederrheins als Franken bezeichneten. Unter ihnen standen die Salier nach etwa 350 an der Spitze; sie waren auch die ersten Franken, die auf Reichsboden angesiedelt wurden. Im Rückblick wurde die Entstehung ihres, in vieler Hinsicht ausgezeichneten, zunächst jedoch keineswegs monarchischen Königtums als Folge der Überquerung des Rheins erklärt. Erst nach dieser primordialen Tat (Frage 67) hätten die Franken *langhaarige Könige* erhoben. In der zweiten Hälfte des 5. Jahrhunderts übernahmen diese *reges criniti* auch die nordgallische Provinzialverwaltung. Einer von ihnen war der Merowinger Chlodwig I. (Fragen 63 und 90), der zum katholischen Glauben übertrat und aufgrund beispielloser militärischer und diplomatischer Erfolge nicht bloß König aller Salier wurde, sondern auch die fränkische Herrschaft über ganz Gallien und darüber hinaus errichtete. Dieses *Regnum Francorum* wurde unter Chlodwigs männliche Nachkommen je nach ihrer Zahl mal geteilt, mal wieder vereinigt. Es blieb dennoch ein politisches, ja staatliches Ganzes, das über den Rhein bis weit in die Germania ausgriff, die Pyrenäengrenze gegen die Araber verteidigte, die Langobarden in Italien und die Awaren östlich von Elbe und Enns in Schach hielt und mehr und mehr die Aufwertung des Bischofs von Rom förderte. Die Folgen der strukturellen Mängel des Frankenreichs wurden zwar durch die Regierungsunfähigkeit der Merowinger ab der Mitte des 7. Jahrhunderts verschärft (Frage 91), doch blieb das Frankenreich imstande, über die Umgestaltung der Römischen Welt hinaus die Entstehung Europas zu ermöglichen. So sahen es bereits die Zeitgenossen, verbanden allerdings mit dieser Tat den Namen der Karolinger, denen die glanzvolle Wiederherstellung nicht bloß des Frankenreichs, sondern am 25. Dezember 800 auch die des westlichen Kaisertums gelang.

76. Wer waren die Angelsachsen? Die Angelsachsen bestanden aus verschiedenen germanischen Völkern und werden erst ab etwa 700 so bezeichnet. Die Diözese Britannien war diejenige römische Verwaltungseinheit der Insel, die von der Kanalküste bis zur Linie Newcastle-Carlisle reichte. Sie bestand aus vier oder fünf Provinzen mit zahlreichen Städten, die im Jahre 410 von der weströmischen Reichsregierung in die militärisch-bürokratische Selbstverwaltung entlassen wurden. Für das Jahr 429 wird von einem piktisch-sächsi-

Abb. 26: Kästchen von Auzon (Franks Casket), angelsächsisch, 8 Jh. n. Chr.,
Darstellung des germanischen Helden Egil im Kampf gegen Plünderer

schen Einfall in Britannien berichtet. Nun schritten die städtischen
Notabeln zur Selbsthilfe, gingen ähnlich wie auf dem Kontinent vor
und nahmen vornehmlich sächsische Krieger unter Vertrag (Frage
57). Schon während des 4. Jahrhunderts wurde auf beiden Seiten des
Kanals das System des *litus Saxonicum,* der befestigten Sachsenküste,
eingerichtet. Die Sachsen, die man nach Britannien holte, stammten
daher zunächst ebenso wie auch Franken und Friesen von der anderen Seite des Kanals. Dann aber kamen Angeln, Sachsen und Jüten
zu Schiff aus dem heutigen Norddeutschland und Dänemark. «Ihre
ersten Heerführer sollen die beiden Brüder Hengist und Horsa gewesen sein, von denen Horsa nachher in einer Schlacht von den Briten
getötet wurde», schreibt der angelsächsische Gelehrte und Mönch
Beda Venerabilis am Beginn des 8. Jahrhunderts. Das Brüderpaar
Hengist und Horsa, «Hengst und Pferd», die Ur-Urenkel des Kriegs-
gottes Wodan (Frage 44), waren die sagenhaften Heerkönige derjenigen Völker gewesen, die als erste in Kent an Land gingen.

Bestand zwischen dem britischen und dem sächsischen Britannien institutionell kein großer Unterschied, da es auf beiden Seiten
zahlreiche Königreiche gab, könnte der Gegensatz im religiös-kultu-
rellen Bereich nicht größer gewesen sein: Die Briten waren Christen,
die Angeln, Sachsen, Jüten und andere Barbaren dagegen Heiden. Im
Juli 598 schrieb Papst Gregor I. an den Patriarchen von Alexandrien:
«Beim letzten Weihnachtsfest wurden mehr als 10 000 Angeln, wie
man hört, getauft.» Unter der Führung des heiligen Mönches Augustinus hatten zahlreiche Missionare den Wunsch des Papstes erfüllt
und die Bekehrung der Angelsachsen begonnen, wobei sie auf Gre-

gors Weisung hin mit den bisherigen Glaubensvorstellungen sorgsam umzugehen hatten. Als erster angelsächsischer König wurde Aethelberht von Kent (560–616) getauft. Der König war freilich schon längere Zeit mit einer fränkischen Prinzessin verheiratet, die Christin war und einen fränkischen Bischof in «die Ehe» mitgebracht hatte. Nun aber mußte sich Aethelberht endgültig entscheiden und auf nichts weniger verzichten, als der Ur-Urenkel von Hengist – seinerseits Ur-Urenkel Wodans und daher göttlicher Herkunft – zu sein. Aethelberht ließ den ersten angelsächsischen Bischofssitz in Canterbury errichten, wo heute noch das Oberhaupt der Anglikanischen Kirche residiert. Es dauerte freilich noch bis zur Mitte des 7. Jahrhunderts, bis die meisten angelsächsischen Könige getauft waren. Allerdings darf die Mitwirkung der Iren an der Christianisierung Englands nicht vergessen werden. Mag es zwischen beiden Seiten auch zu Streit und Zank gekommen sein, so nahmen doch Iren und Angelsachsen das «grüne Martyrium», das Verlassen der Heimat, auf sich. Sie verinnerlichten das Christentum im fränkischen Gallien und brachten die neue Lehre samt der damit verbundenen klassischen Bildung auch in das rechtsrheinische Germanien. Winfrid-Bonifatius, der hier die Kirche organisierte und 754 in Friesland das «rote Martyrium» erlitt, sei für viele weniger bekannte Träger der angelsächsischen Mission auf dem Kontinent genannt.

77. Wer waren die Langobarden?
Um Christi Geburt wurden die Langobarden bekannt und am rechten Ufer der unteren Elbe lokalisiert. Sie galten als Sueben (Frage 69), wurden gemeinsam mit Sueben von Marbod (Frage 84) unterworfen und gingen zu Arminius (Frage 81) über, als dieser den Markomannenkönig angriff. Auch der Arminius-Neffe Italicus erhielt langobardische Unterstützung. Die Langobarden galten als kleines, aber überaus kampferprobtes Volk, das sich gegen mächtige Nachbarn behaupten konnte. Am Vorabend der Markomannenkriege (Frage 95) erschien eine beachtliche langobardische Streitmacht an der pannonischen Donau, verschwand aber rasch wieder aus dem Gesichtsfeld der Römer. Wirklich wahrgenommen wurden die Langobarden erst, nachdem sie in den böhmischen Kessel eingewandert waren. Hier wurden sie die Untertanen derjenigen Eruler, die an Donau und March ein starkes, wenn auch kurzlebiges Reich errichtet hatten. Bald nach 488 und verstärkt um 505 wurden Langobarden in das einstige Rugiland, das

Abb. 27: Langobardische Münzen, 7. Jh. n. Chr.

heutige Niederösterreich, verlegt, um die Westflanke des erulischen
Herrschaftsgebiets zu sichern. Wahrscheinlich im Jahre 508 rebel-
lierten die Langobarden unter Tato, den sie als ihren siebten König
zählten, und vernichteten das Reich ihrer einstigen Herren in einer
Schlacht, die wahrscheinlich an der niederösterreichischen oder südmährischen March stattfand. Der siegreiche Tato wurde jedoch bald
darauf von seinem Brudersohn Wacho (um 510–540) ermordet. Dieser galt der langobardischen Überlieferung zufolge zwar als Usurpator, zugleich aber auch als Begründer eines Langobardenreichs, das
von Südmähren oder gar Böhmen über das norische Niederösterreich bis tief nach Pannonien hinein reichte und zahlreiche Völkerschaften umfaßte. Wacho schloß Verträge mit Byzanz und Ehebünd-
nisse mit den Franken. Gegen die Ostgoten ging Wacho erst nach
dem Tode Theoderichs des Großen (Frage 88) vor. Wachos Nachfolger wurde Audoin (540/47–560/61), der 551/52 den kaiserlichen
Feldherrn Narses im Kampf gegen die Ostgoten mit einer großen
Streitmacht unterstützte und gleichzeitig die Gepiden an Theiß und
Donau besiegte. Die Massenfreilassung von waffenfähigen Unter-
schichten war ebenso wie die Offenheit der Stammestradition gegenüber Fremden dafür verantwortlich, daß die von Wacho eingeleitete
Ethnogenese (Frage 65) aus den Audoin-Langobarden ein großes
Volk machte. Audoins Sohn Alboin (560/61–572) war derjenige Lan-

gobardenkönig, der mit Hilfe der Awaren die Gepiden endgültig besiegte, im Jahre 568 aber die Nähe der Reiternomaden für zu gefährlich hielt und zahlreiche Völker, darunter Langobarden, Gepiden, Sarmaten, Sueben, Sachsen und einheimische Romanen, nach Italien führte. Damit brach er das Bündnis mit Byzanz, das über 100 Jahre lang keinen Vertrag mehr mit den Langobarden schloß. Zugleich legte der König die Grundlage für die Spaltung in ein kaiserliches und ein langobardisches Italien. Und doch war es das Königtum der Langobarden, das zum einen die Entstehung einer mittelalterlichen italienischen Nation vorbereitete und zum anderen Italien unbeschadet aller territorialen Verkürzungen und Abspaltungen als politische Größe erhielt. Daran änderte auch die Tatsache nichts, daß Karl der Große am 5. Juni 774 ein «König der Franken und Langobarden» wurde. Die bloß militärisch geschlagenen Langobarden schlossen sich nämlich dem Frankenkönig vertraglich an und behielten ihre Eigenständigkeit. Erst als ihrem König gelang es Karl dem Großen, in Rom zum Kaiser gekrönt zu werden. Und dabei ist es für fast alle seine mittelalterlichen Nachfolger geblieben. Die Lombardei, das Kernland Oberitaliens um die Metropole Mailand, erinnert heute noch an die Langobarden, die unter den germanischen Völkern der Frühzeit das älteste sind, dessen Name eine Region des einstigen Römerreichs benennt.

78. Waren die Germanen die Vorfahren der «deutschen Völker»?

Friesen und Sachsen, Thüringer, Mainfranken (Frage 75) und Hessen, Alemannen/Schwaben (Frage 69) und Bayern gelten als diejenigen Völker, aus denen sich das deutsche Gesamtvolk um die erste Jahrtausendwende gebildet hat. Alle acht Volksnamen sind germanisch und identisch mit den Namen germanischer Völker, die bereits die Antike kannte und von denen die Bayern als letzte noch vor 550 entstanden sind. Dieser Sachverhalt berechtigt den Historiker jedoch nicht, die eingangs gestellte Frage mit einem uneingeschränkten «Ja» zu beantworten, zumal die deutschen Völker in Vergangenheit und Gegenwart aus vielen verschiedenen ethnischen Gruppen zusammengesetzt waren und sind. Leichter haben es die Philologen, die für die «deutschen Stämme» (Frage 64) ein germanisches Kontinuum annehmen. Aber die Sprache ist nicht das einzige, nicht einmal das wichtigste Kriterium für die Bildung der Identität eines Volkes. Die Franken bekannten sich als Franken, gleichgültig ob sie romanisch oder theodisk (= germanisch) sprachen. Auch noch nach dem Zweiten Weltkrieg hatten alle Besucher einer französischen Schule – selbst in Algerien, Vietnam und Polynesien – ein Geschichtsbuch zu benützen, das mit dem Satz begann: *Nos ancêtres, les Gaulois* (Unsere Vorfahren, die Gallier). Heute noch erzählen vietnamesische Intellektuelle, die sich über diesen Unsinn nicht mit Asterix und Obelix hinwegtrösten können, in bestem Französisch, wie sehr sie unter jener repressiven Doktrin gelitten haben. Bei weitem nicht alle Anglophonen werden die Angelsachsen und daher die Germanen als ihre Vorfahren betrachten. Schließlich zählt auch das Jiddische zu den germanischen Sprachen, und ihre Sprecher werden sich dafür bedanken, als Nachfahren von Germanen bezeichnet zu werden. Allein mit der Sprache kommt man daher in dieser Frage nicht weiter. Was sagt die Historie zum Thema? Die Frage, ob die Deutschen die Nachkommen der Bewohner des taciteischen Germanien, die Engländer die der Angelsachsen und Normannen, die Italiener die der Römer, die Franzosen die der Gallier, die Albaner die der Illyrer und die Ungarn die der Hunnen seien, ist schon vom Ansatz her falsch gestellt. Die berechtigte, ja notwendige Frage, woher wir kommen, verlangt nämlich vom Historiker eine viel komplexere Antwort, als sie die Beschränkung auf einzelne Epochen und Völker weit zurückreichender Vergangenheiten bieten könnte. Aber die Geschichte dieser Völker und Epochen handelt insgesamt von einer logischen Vorstufe unserer heutigen Welt. Darüber als über eine im Verhältnis zur Gegenwart alternative Lebensordnung sowie über ihr Nachwirken Auskunft zu erteilen, ist Gegenstand der historischen Forschung.

Schon die Spätantike beschränkte den bisher mehr als 40 Völker umfassenden Germanennamen auf Franken, Alemannen und Burgunder, weil diese entweder aus der klassischen Germania (Frage 6) stammten oder sie damals bewohnten. Die Karolingerzeit hat im späten 8. und im 9. Jahrhundert für einen Sprecher germanischer Sprachen den Begriff *theodiscus* geprägt, zugleich aber die Germania als Bezeichnung des Großraums zwischen Rhein und Weichsel wieder entdeckt. Folgerichtig ließ man nun auch die elbgermanischen Langobarden aus dieser Germania kommen, obwohl man wußte, daß sie östlich von Elbe und Saale von slawischen Völkern bewohnt wurde. Im 12. Jahrhundert erfolgte die Gleichsetzung der Deutschen mit den Germanen, eine Betrachtungsweise, deren immer unrühmlicher werdende Geschichte bis in die Mitte des 20. Jahrhunderts reichte

(Frage 82). Kein Wunder, daß vor allem diejenigen Deutschsprecher, die auf ehemals römischem Reichsboden zu Hause sind, sich nach Alternativen umsehen. So adoptieren viele Bayern wie ihre öster- reichischen Nachbarn die Kelten als ihre Vorfahren, die Schweizer die Helvetier, die Vorarlberger die Räter – und alle zusammen wollen lie- ber die Nachfahren von Römern als von Germanen sein. Daneben gibt es aber noch genug Deutsche und Deutschsprecher, die an den Germanen als ihren Vorfahren festhalten. Bleibt der Schluß, daß der Mensch dasjenige Lebewesen ist, das sich seine Vorfahren selber ma- chen kann, indem er sich unter ihnen diejenigen aussucht, die ihm zu gewissen Zeiten und für bestimmte Lebensmodelle am besten ge- fallen. Sofern dies ein nettes Gesellschaftsspiel bleibt und nicht wie die Germanomanie vergangener Tage unduldsamen und menschen- verachtenden Nationalismen Fundament und Nährboden bietet, ist dagegen auch nichts einzuwenden.

79. Sind die Germanen die Vorfahren der Skandinavier? Die Skandinavier, die heute aus Schweden, Dänen, Norwegern, Islän- dern und den Färingern bestehen und deren Sprachen das Nord- germanische bilden, gelten vor allem den Außenstehenden als die Germanen schlechthin. Sie seien die Bewohner der germanischen «Urheimat» (Frage 10), von der viele germanische Völker des Konti- nents, aber auch der britischen Inseln ihre Herkunft herleiten. Au- ßerdem lasse sich, meinte man, aus den skandinavischen Texten des 12. und 13. Jahrhunderts der dürftige Götterhimmel der kontinen- talen Germanenvölker aufbessern und insgesamt eine einheitliche Religion der Germanen rekonstruieren (Frage 44). Dazu verwendete man in erster Linie die Edda-Gedichte sowie Snorri Sturlusons Heimskringla und seine Prosa-Edda. Diese von Jakob Grimm ent- wickelte Lehrmeinung erreichte über Felix Dahn noch die Mitte des 20. Jahrhunderts und wurde nicht nur durch Richard Wagner popu- larisiert. Wie so viele Versatzstücke der «Deutschen/Germanischen Altertumskunde» ist auch dieser Glaubenssatz heute aufgegeben. Was aber kann als gesichert gelten? Die Schweden, *Suiones*, behan- delte schon Tacitus (Frage 15) in seiner *Germania*, obwohl er viel un- gereimtes Zeug über sie berichtet. Die Dänen werden erstmals um die Mitte des 6. Jahrhunderts erwähnt. Die drei anderen Völker sind das Ergebnis der Wikingerzeit, die man im 8. Jahrhundert beginnen und bis ins 11. Jahrhundert dauern läßt. Gerne berufen sich die heutigen Skandinavier auf diese Vergangenheit, die sie aber im allgemeinen kaum als germanisch deuten. Nicht zuletzt haben die großgermanischen Perversionen und die menschenverachtende Skandinavienpolitik des Nationalsozialismus die aktuelle Distanzierung gefördert. Außerdem kann sich diese Auffassung auf die Tatsache berufen, daß man bereits im 6. Jahrhundert Skandinavier und Germanen als zwar miteinander verwandt betrachtete, aber dennoch eindeutig voneinander unterschied. Umgekehrt haben die küstennahen Sprecher germanischer/theodisker Sprachen, die von den Wikingern heimgesucht wurden, in ihnen nicht einmal noch so entfernte Verwandte gesehen, sondern sie nur als blutrünstige Heiden und beutegierige Piraten gefürchtet und gehaßt. Der Sachse Widukind von Corvey macht im 10. Jahrhundert insofern eine Ausnahme, als er die Verwandtschaft der Sachsen mit den Normannen erwägt, sie aber dann doch zugunsten einer sächsischen Herkunft aus dem Heer Alexanders des Großen verwirft.

Neun Männer und eine Frau

80. Wer war Ariovist? Weil die antiken Quellen, auf die wir angewiesen sind, nur von denjenigen Germanen eine Geschichte erzählen, die sich «mehr der Herkunft, als der Vernunft nach» als Barbaren verhielten, kann die Reihe der «Wer war?»-Fragen erst mit Ariovist (um 100 bis 54 v. Chr.) beginnen. Sein Name ist keltisch und bedeutet wohl «edler Anführer». Ariovists Geschichte kennen wir so gut wie ausschließlich von Caesar. Seine Erzählung machte Ariovist auf mehrfache Weise zu einem Ersten: Ariovist war der Anführer einer den Römern vorher unbekannten, suebisch dominierten Gruppe aus mehreren Völkern, die 72/70 v. Chr. den Rhein überschritten. Zur Bezeichnung dieser Heerscharen, die sogar Jütländer umfaßte, wählte Caesar den Germanennamen (Frage 3) als eine damals noch junge, jedenfalls übergeordnete Fremdbezeichnung. In diesem Sinne war Ariovist der erste Germane, von dem längere Aussagen in der ersten Person bekannt sind, der mit einem Römer von gleich zu gleich verkehrte und ihm seine Kriegsdienste antrug. Ariovist war auch der erste Germane, der von seinen Vertragspartnern wie von den besiegten Gegnern Land forderte, und er war der erste und einzige König der Germanen, den die Überlieferung kennt.

Der um 100 v. Chr. geborene Caesar und sein Gegenspieler dürften gleich alt gewesen sein, wenn man annimmt, der bereits verheiratete Ariovist sei als etwa dreißigjähriger Mann 72/70 v. Chr. nach Gallien gekommen. Er hatte nachweisbar zwei Frauen, «von denen die erste eine Suebin war, die er aus der Heimat mitgebracht hatte». Daraus läßt sich wohl auf Ariovists eigene suebische Herkunft schließen, obwohl sie nicht eindeutig belegt ist. Die zweite Frau Ariovists war eine Keltin, die Schwester des Norikerkönigs Voccio, die der Bruder um 60 v. Chr. nach Gallien gesandt hatte. Die Alpenkeltin sollte wohl ein weiträumiges Bündnis besiegeln, das zum einen dem Schutz Norikums diente und zum andern dem Suebenfürsten den Rücken frei hielt. Beide Frauen sowie eine Tochter Ariovists wurden im Spätsommer 58 von den siegreichen Legionären getötet; eine andere Tochter wurde gefangengenommen und versklavt. Am Vorabend seiner Niederlage «bediente sich Ariovist häufig der gallischen Sprache aufgrund langjähriger Gewohnheit»; er wird sie daher nicht erst von der Norikerin «au lit» gelernt haben. Daß der Suebe auch Latein konnte, ist eher unwahrscheinlich.

Die Leidtragenden der germanischen Invasion waren vor allem die mit Rom verbündeten, sich als Verwandte der Römer fühlenden Häduer, die mit den Sequanern um die Vorherrschaft in Zentralgallien stritten (siehe Karte S. 96). Im Jahre 61 kam es zwischen den beiden keltischen Hegemonialverbänden bei Magetobriga unweit von Besançon zur Schlacht, in der die Sequaner mit Ariovists Unterstützung die Häduer besiegten. Diese sandten einen ihrer Fürsten noch im selben Jahr 61 nach Rom, der dort einen Senatsbeschluß erreichte, der jeden römischen Statthalter der gallischen Provinz zum Schutz der Häduer und der «anderen Freunde des römischen Volkes» verpflichtete. Zwei Jahre später erwirkte der Konsul Caesar jedoch einen Senatsbeschluß, der nun seinerseits Ariovist zum «König und Freund des römischen Volkes» erklärte. Als Prokonsul nützte Caesar geschickt die beiden gegensätzlichen Senatsbeschlüsse, die freilich im Einklang mit der ambivalenten Königspolitik Roms standen. Unmittelbar nach dem Sieg über die Helvetier bereitete Caesar die Auseinandersetzung mit Ariovist vor. Der Feldherr verhandelte gleichzeitig sowohl mit der gallischen Führungsschicht wie mit Ariovist und ging mit taktisch klugen Operationen gegen das germanische Heer vor. Selbst die religiöse Scheu des Gegners, eine Schlacht vor dem nächsten Neumond zu schlagen, wurde bedacht. Schließlich vernichtete

Caesar Mitte September 58 v. Chr. die germanisch-suebischen Völker wahrscheinlich beim heute elsässischen Mühlhaus/Mulhouse. Ariovist konnte entkommen und ist spätestens 54 v. Chr. in seiner rechtsrheinischen Heimat gestorben.

81. Wer war Arminius? Der Vater des Arminius (19/17 v. bis 19/21 n. Chr.) hieß Sigimer und dürfte in der aus zwei Familien bestehenden cheruskischen Führungsschicht, die – von kurzfristigen Ausnahmen abgesehen – persönliche und politische Gegnerschaft spaltete, den ersten Rang eingenommen haben. Er starb noch vor dem Abfall seines Sohnes von Rom. Dagegen hat die überlebende Arminius-Mutter die Politik ihres Sohnes unterstützt. Unter den feindlichen Verwandten des Arminius werden genannt: sein eigener Bruder Flavus, sein Vaterbruder Inguomer und vor allem das Haupt der anderen Familie, Segestes, dessen Tochter Thusnelda (Frage 83) er raubte und heiratete. Ihrer beider Sohn hieß Thumelicus; er wurde in römischer Gefangenschaft geboren und hat seinen Vater nie gesehen. Das Stammesgebiet der königlosen Cherusker (Frage 39) lag zwischen den Quellen der Lippe und Ems und einem Landstreifen östlich des Unterlaufs der Elbe. In den Jahren 4 und 5 n. Chr. einigte sich die cheruskische Führungsschicht auf eine gemeinsame Rompolitik. Die Cherusker unterwarfen sich freiwillig den Römern. Die Sigimer-Söhne Arminius und Flavus traten als Befehlshaber von cheruskischen Verbänden in römische Dienste. Segestes erhielt das römische Bürgerrecht, sein Sohn Sigimund wurde Priester am Augustusaltar in Köln. Es fehlte nur noch die Zerschlagung des Markomannenreichs Marbods (Frage 84), um die Unterwerfung der *Germania magna* (Frage 6) westlich der Elbe abzuschließen.

Nach den Worten des Tacitus fand Arminius mit 37 Jahren und im zwölften Jahr seiner Machtausübung den Tod. Läßt man diese *potentia* mit der Varus-Schlacht im Jahre 9 n. Chr. beginnen, müßte Arminius, weil das Jahr 0 nicht zählt, von 17 v. bis 21 n. Chr. gelebt haben. Tacitus berichtet aber seinen Tod zum Jahre 19; demnach hätte Arminius von 19 v. bis 19 n. Chr. gelebt und die Herrschaft im Jahre 7 n. Chr. angetreten. Arminius und Flavus sprachen Latein und waren beide römische Bürger geworden. Sie dienten mindestens bis 6 n. Chr., wenn nicht länger, gemeinsam im Römerheer und kamen fern der Heimat zum Einsatz. Während C. Iulius Flavus auch noch in den kommenden neun Jahren dieser Dienstverpflichtung nachkam, ging C. Iulius Arminius (Frage 82) nach Hause und übernahm dort das Kommando über cheruskische Hilfstruppen der Römer. Was könnte der Anlaß dafür gewesen sein? Wenn Sigimer im Jahre 7 n. Chr. starb, könnte Arminius dem Vater als «Fürst des Volkes» nachgefolgt sein, worin ihn die Reichsregierung mit der Verleihung des Ranges eines römischen Ritters anerkannt hätte. Für gewöhnlich war das römische Bürgerrecht die höchste Auszeichnung, die ein geborener Barbar erhalten konnte. So ist kein Cherusker, ja kein reichsfremder Germane der Zeit bekannt, der die Ritterwürde erlangt hätte. Zugegeben, diesen Überlegungen fehlen weitgehend die Quellengrundlagen. Sie mögen daher bloß als Versuch gewertet werden, die nur beiläufige Erwähnung der Ritterwürde des Arminius ereignisgeschichtlich einzuordnen. Warum er aber die römische Sache aufgab und den erfolgreichsten barbarischen Aufstand gegen das Römerreich anführte, wird für einen römischen Ritter noch weniger verständlich. Dazu kommt noch ein materielles Argument: Gemäß den Mechanismen der römischen Steuereinhebung hatten Arminius und die Seinen bei der Errichtung einer Provinz Germanien eher zu gewinnen als zu verlieren.

So mißverständlich es heute klingen mag, als Motiv für die Entscheidung des Arminius bleibt nur die Gewinnung von außerordentlicher «Ehre» (Frage 28). In den Augen eines früheren Kriegskameraden wurde Arminius «durch unsere Niederlage *nobilis*», was nur sehr schwach mit «bekannt» oder «berühmt» zu übersetzen ist. Das in *nobilis* angelegte Bekanntsein hat eine aktive politische Dimension, die sich vielleicht so deuten läßt: Der Sieg über Varus und die andauernden Kämpfe gegen die Römer festigten den vom Vater geerbten Prinzipat (Frage 39) des Arminius, der nach dem Mißerfolg seines Onkels Inguomer monarchische Gewalt auf Zeit ausübte. Diese erlosch jedoch mit dem Ende der Bedrohung von außen. Wollte Arminius Herrscher auf Dauer werden, mußte er nach dem Königtum greifen und folgerichtig Marbod (Frage 84), seinen einzigen Konkurrenten in Germanien, besiegen. Dies gelang, allerdings auf Kosten der abermaligen Spaltung der cheruskischen Führungsschicht. In der entscheidenden Schlacht kämpfte der Vaterbruder des Arminius, der so tapfer, wenn auch unklug gegen die Römer gestritten hatte, mit seiner Gefolgschaft (Frage 41) auf seiten des Markomannenkönigs. Trotzdem siegte Arminius. Marbod verlor die Schlacht und bald darauf das Königtum. Daß dieses nicht an Arminius fiel, dafür sorgte «die Heimtücke seiner Verwandten», deren Opfer er wurde.

82. Hieß Arminius eigentlich Hermann oder gar Sigfrid? Arminius führte als römischer Bürger einen dreigliedrigen römischen Namen, der wohl C. Iulius Arminius lautete. Als Adoptivsohn Caesars war Augustus nämlich ein C. Iulius; wer unter ihm – wie auch andere Angehörige der cheruskischen Elite – das Bürgerrecht erhielt, nahm dasselbe Praenomen (Vornamen) und Gentilnomen (Familiennamen) wie der Kaiser an. Arminius war daher das Cognomen, der Zuname – so wie Segestes der seines Schwiegervaters oder Flavus, der Blonde, der seines Bruder. Lange Zeit wurde diskutiert, ob Arminius eine rein lateinische oder eine latinisierte germanische Namenbildung darstellte. Im letzteren Fall könnte *Arminius* den «In-Gott-Irmin-Berühmten» gemeint haben und eine Variation des Namens des Vaterbruders Inguomer «In-Gott-Ingo-Berühmten» gewesen sein. Wenn er aber einen lateinischen Namen trug, meinte man bereits im 19. Jahrhundert (Giesebrecht), habe Arminius «in Wirklichkeit» Sigfrid geheißen und das Urbild für den größten germanischen Helden abgegeben. Beide kämpften nämlich mit einem Wurm, Sigfrid mit einem Lindwurm, Arminius mit dem römischen Heerwurm. Beide wurden von den eigenen Verwandten aus dem Hinterhalt erschlagen. Beider Tod bewirkte den Untergang ihrer Sippe wie den Niedergang des ganzen Volkes. Außerdem berichtet Tacitus, die Germanen würden die Taten des Arminius immer noch – das heißt drei Generationen nach seinem Tod – in Liedern besingen. Zum dritten sind die Namen von acht männlichen Angehörigen der cheruskischen Elite bekannt, von denen zumindest die Hälfte, darunter auch der Arminius-Vater Sigimer, mit Segi/Sigi-(Sieg-) zusammengesetzte Namen trugen. Trotzdem steht diese Spekulation auf sehr wackeligen Beinen und ist heute von der ernstzunehmenden Wissenschaft (nicht jedoch den Medien) so gut wie aufgegeben.

Vielleicht ist aber Arminius mit Hermann zu verdeutschen? Nachdem der Senatshistoriker Cassius Dio im 3. Jahrhundert auf griechisch ausführlicher als Tacitus über Arminius geschrieben und gute Quellen aus der Zeit des Tiberius benützt hatte, geriet Arminius in Vergessenheit. Es dauerte bis 1529, daß der postum herausgegebene *Arminius* Ulrichs von Hutten den Cheruskerfürsten als Retter Germaniens, das man mit Deutschland gleichsetzte, feierte und dem neuen deutschen Nationalgefühl seinen Helden gab. Hutten fand viele Nachfolger, darunter Friedrich Gottlob Klopstock, der Arminius in der Nachfolge Lutters als Hermann eindeutschte. Vollends

Abb. 28: Detmold,
Hermannsdenkmal,
eingeweiht 1875

zum Symbol des Freiheitshelden wurde Hermann der Cherusker während der antinapoleonischen Befreiungskriege. Unter den zahlreichen literarischen Ergüssen besitzt *Die Hermannsschlacht* von Heinrich von Kleist den höchsten Rang und entwickelte auch die stärkste Wirkung, obwohl das 1808 geschriebene Werk erst 1821 aus dem Nachlaß herausgegeben und 1860 in Breslau uraufgeführt wurde. Schlimmer als die Anfänge gestalteten sich die Auswüchse der Hermann-Verehrung bis zum Ende des Nationalsozialismus im Jahre 1945. Beruhigend nur, daß es auch einen Heinrich Heine gab, der in seinem 1844 verfaßten *Deutschland, ein Wintermärchen* (c. 11) dichtete:

Das ist der Teutoburger Wald,
Den Tacitus beschrieben,
Das ist der klassische Morast,
Wo Varus stecken geblieben.

Hier schlug ihn der Cheruskerfürst,
Der Hermann, der edle Recke;
Die deutsche Nazionalität,
Sie siegte in diesem Drecke.

((usw., usw.))

O Hermann, dir verdanken wir das!
Drum wird dir, wie sich gebührt,
Zu Dettmoldt ein Monument gesetzt;
Hab' selber subskribiret.

Allerdings wurde das Hermann-Denkmal auf der Grotenburg bei Detmold erst 1875 nach 56 Jahren Bauzeit fertiggestellt und im Beisein Kaiser Wilhelms I. eingeweiht. Heute bildet der – mit gezogenem Schwert – grimmig gegen den welschen Westen blickende Cheruskerfürst ein Ausflugsziel für Kind und Kegel aus nah und fern. Seine einstige nationalistische, ja chauvinistische Bedeutung scheint für immer einer touristischen Vermarktung gewichen zu sein. Und das sollte so bleiben. Der Historiker wird jedenfalls in der Namenfrage Zurückhaltung üben. Hermann hat sprachwissenschaftlich nichts mit Arminius zu tun, und das älteste bekannte Motiv des Nibelungenliedes, der Streit der Königinnen, wird erst aus dem 6. nachchristlichen Jahrhundert überliefert. Daher lautet die Antwort: Arminius hat weder Sigfrid noch Hermann geheißen. Er hat einen Namen getragen, der nicht germanisch war und dessen Bedeutung dunkel bleibt, mag man auch noch so viel Energie auf die Beantwortung der Frage verschwenden, wie er «wirklich» geheißen hat.

83. Wer war Thusnelda? Thusnelda war die erste Germanin, deren Namen überliefert wird. Sie war die Tochter des Segestes, des Anführers der romtreuen und daher dem Arminius (Frage 81) feindlichen Gruppe unter den Cheruskern. Segestes hatte seine Tochter bereits einem Manne verlobt, als sie Arminius und noch dazu mit ihrem Einverständnis vielleicht im Winter 14 auf 15 n. Chr. raubte, heiratete und mit ihr den Sohn Thumelicus zeugte. Segestes brachte seine schwangere Tochter jedoch wieder in seine Gewalt und rief 15 n. Chr. den römischen Feldherrn Germanicus zu Hilfe, als er von Arminius in seiner Burg belagert wurde. Nachdem Thusnelda und ihr bald darauf geborener Sohn auf diese schmähliche Weise in römische Gefangenschaft geraten waren, schlossen sich zahlreiche Völker und Einzelpersonen wie der Arminius-Onkel Inguomer der antirömischen Bewegung an. Das traurige Schicksal der von ihrem Mann auf Lebenszeit getrennten Frau, die ihr Lebensglück der Freiheit ihres Volkes (Frage 33) opferte, zählt zu den Versatzstücken der deutschnationalen Arminius- und Germanenrezeption, die sich vorzüglich mit Ressentiments aufladen und propagandistisch gebrauchen ließ.

84. Wer war Marbod? Marbod (gest. um 37 n. Chr.) trug wie Ariovist (Frage 80) einen keltischen Namen oder dessen germanische Version; er stammte aus der *Markomannis*; das heißt, er war im heutigen bayerischen Oberfranken oder im anschließenden Thüringen auf die Welt gekommen, wo die suebischen Markomannen, die «Männer von der (keltischen) Grenze», zu dieser Zeit ihre Wohnsitze hatten. Knapp vor Christi Geburt stellten ihnen die Römer die Alternative, entweder in das Gebiet östlich der Elbe und des Böhmerwaldes, des Herkynischen Waldes, abzuziehen oder sich zu unterwerfen und nach Gallien umsiedeln zu lassen. Während die eine Gruppe ins Römerreich aufgenommen wurde, führte Marbod seine Völker in den böhmischen Kessel. Das ist leichter gesagt als erklärt: Woher nahm der junge Adelige seine Legitimierung, seine Machtmittel, seine Gefolgschaft (Frage 41), woher das Geld, sie zu bezahlen? Eine, obgleich nicht die ganze Antwort lautet: Eingeladen von Kaiser Augustus (27 v. – 14 n. Chr.) war der junge Marbod, ein Mann edler, aber nichtköniglicher Herkunft, nach Rom gegangen und hatte dort «das Sandhurst» der römischen Armee besucht. Mit Kenntnissen in römischer Staatskunst und im römischen Militärwesen ausgestattet, kehrte Marbod in die Heimat zurück, wo er nach 9 v. Chr. – sicher mit Erlaubnis des Kaisers – die Übersiedlung «seiner» Markomannen in das Land der Boier und Batiner (Frage 13) durchführte. Bald darauf wurde Marbod – «mehr der Herkunft als der Vernunft nach ein Barbar» – bereits als König von Böhmen aus militärisch und diplomatisch aktiv. Wie Marbod König wurde, ist nur zu erraten. Rom dürfte kräftig mitgeholfen haben, weil, so heißt es, er nicht auf die Zustimmung seiner Landsleute oder Verwandten (?) angewiesen war. Auch stützte er sich auf eine Leibgarde, die es durch ständiges Exerzieren fast zu römischer Disziplin brachte, und gebot über 70 000 Fußkrieger und 4000 Reiter. Im Zentrum des böhmischen Kessels schlug Marbod seine Residenz, *regia, basíleion,* auf; sie wird auch als *Maroboudon* über-liefert, das heißt, als älteste Ortsbezeichnung nach einem germani-schen Fürsten.

Obwohl das Marbodreich eindeutig in Richtung nordostdeut-scher und polnischer Tiefebene expandierte, fühlten sich die Römer bedroht, zumal Marbod zwar jeden offenen Krieg vermied, aber sich zahlreiche diplomatische Provokationen leistete. Im Jahre 6 n. Chr. führte Tiberius eine riesige Streitmacht von 12 Legionen gegen Mar-bod. Bevor es jedoch zum ersten Zusammenstoß gekommen wäre, brach mit ungeheurer Wucht der Pannonische Aufstand aus, der in Windeseile von der Donau bis nach Makedonien die römische Herr-schaft vernichtete. Das Unternehmen gegen Marbod wurde sofort abgeblasen, das Markomannenreich war gerettet. Verhandlungen stellten den Frieden wieder her, der «unter gleichen Bedingungen» geschlossen wurde, was Rom als Schmach empfand und Marbods Prestige unter den Germanen gewaltig steigerte.

Marbod hatte großes Glück gehabt. Aber auch Glück gilt einst wie jetzt als Eigenschaft eines Mannes, der heute zum Politiker, damals zum König taugte. Wer der bessere ist, hat mehr Glück, wie es der «Glücksvergleich» offenbart. Arminius (Frage 81) dürfte diesen Glücksvergleich mit Marbod gesucht haben; denn bereits im Jahre 17 n. Chr., unmittelbar nach der Einstellung der römischen Erobe-rungspolitik (Frage 94), griff der Cheruskerfürst den Markomannen-könig an der Spitze einer germanischen Koalition an. Beide Heerführer zeigten, was sie bei den Römern gelernt hatten. Wohl noch außerhalb des heutigen Böhmen kam es an der sächsischen Elbe zu einer Schlacht, die zwar keine unmittelbare Entscheidung brachte, aber den Anfang vom Ende der Herrschaft Marbods bewirkte. Keine ein bis zwei Jahre später wurde er gestürzt und mußte die Römer um Asyl bitten.

Marbods Sturz erfolgte im Jahre 18 oder 19 n. Chr. Er habe, als er die Donau nach Norikum überschritt, die Freundschaft mit den Römern den zahlreichen Angeboten anderer Völker, bei ihnen Zu-flucht zu finden, vorgezogen. Tiberius aber wollte den hohen Flücht-ling unbedingt haben, lockte «den Germanen Marbod» durch Kom-plimente und Versprechungen zu sich und ließ ihn nicht mehr heim-kehren. Der ehemalige König erhielt Ravenna als Aufenthaltsort zugewiesen, wo er noch 18 Jahre lang lebte und ein hohes, wenig eh-renhaftes Alter erreichte (Frage 28). Kein Wunder, daß man Marbod in der Sicht – hoffentlich vergangener Tage – nicht besonders schätzte. Anstelle energisch für «die deutsche Sache» einzutreten, hat sich Marbod mit den Römern, mit den «Welschen», zu arrangieren versucht, war aber von ihnen, wie nicht anders zu erwarten, übertölpelt worden. Schlimm nur, wenn norddeutsches Vorurteil auch die wissenschaftliche Wertung Marbods trübt.

85. Wer war Alarich I.? Der Terwinge/Vesier (Frage 70) Alarich I. ist der einzig bekannte Balthe (Frage 62). Er wurde um 370, möglicherweise auf der Donauinsel, sicher jedoch noch außerhalb des Römerreichs geboren und starb im Herbst 410 im unteritalienischen Cosenza (Frage 56). Er erlebte als Kind 376 die Flucht vor den Hunnen (Frage 72) und wuchs im Norden des heutigen Bulgarien auf. Möglich, daß er seinen Vater bereits 377 verlor, wenn dieser mit Alaviv, dem stets zuerst genannten Anführer der gotischen Flüchtlinge, identisch war. Alarich war mit der Schwester seines Nachfolgers Athaulf verheiratet und hatte zumindest eine Tochter, über die er zum Großvater der zweiten Generation der tolosanischen Könige (Frage 70) wurde. Nach ersten Erfolgen im Kampf um bessere Ansiedlungsbedingungen erhoben ihn die bis dahin königlosen Donaugoten 391/92 zum König. Als solcher nahm er an der Spitze seiner Krieger 394 an der für sie verlustreichen Schlacht am Frigidus, an der slowenischen Vipava, teil, wo Kaiser Theodosius das römische Westheer und zugleich auch die letzten ernstzunehmenden Vertreter des Heidentums besiegte (Frage 98). Nach dem Tod des Kaisers führte Alarich vom Sommer 395 bis zu seinem Ende im Herbst 410 einen zähen Kampf um die Anerkennung und Integration (Frage 57) seiner Großgruppe, der *Alariaci,* in die römische Staatlichkeit und Gesellschaft. Er zog mit seinen Goten von der Donau nach Griechenland, von dort nach Dalmatien und bis ins heutige Österreich und schließlich, nach mehrmaligen Versuchen, bis nach Rom, das im August 410 fiel (Frage 56). Noch im selben Jahr und während er versuchte, diesen Erfolg dauerhaft zu nutzen, starb Alarich. Er war homöischer Christ (Frage 50), adelsstolz und ehrgeizig, verstand zu organisieren, wußte um die Bedeutung einer geordneten Versorgung und löste logistische Probleme. Alarich bewährte sich als ein – selbst im römischen Sinn – guter, obgleich nicht überragender Feldherr. Nie wurde er völlig besiegt, konnte aber auch niemals eine halbwegs intakte römische Armee schlagen. Die Alarich-Goten befanden sich im Stadium einer Fahrten- und Schicksals-

Abb. 29: Versuch eines Attila-Portraits nach der Beschreibung von Priskos, erhalten bei Jordanes, 6 Jh. n. Chr.

gemeinschaft. Aus gotischen und nichtgotischen Völkern entstanden unter Alarichs königlicher Führung die Westgoten. So wenig ihm selbst aber die Begründung einer Königssippe gelang, so wenig löste Alarich I. die Frage, auf welche Weise das römische Kaisertum und ein gotisches Königtum dauerhaft miteinander versöhnt werden könnten (Frage 57). Dies blieb der nächsten Generation westgotischer Könige überlassen.

86. Wer war Attila? Unter König Attila (435/44–453), dessen Name wohl gotisch ist und «Väterchen» bedeutet, erlebten die Hunnen (Frage 72) den Höhepunkt und mit seinem Ende zugleich den Untergang ihres europäischen Reichs. Aus der Vatergeneration Attilas sind die Namen von vier Brüdern überliefert, von denen zwei zur Herrschaft gelangten; der Vater Mundzuc war aber nicht darunter. Wieso das Brüderpaar Bleda und Attila die Nachfolger ihrer Onkel Oktar und Ruga wurden, ist nicht bekannt. Attila hatte zahllose Frauen, die er nach steppennomadischer Sitte ehelichte, um die verschiedenen Völkerschaften seines Reiches stärker an sich zu binden. Die letzte Hochzeitsnacht kostete ihn das Leben. Das geschah im Jahre 453, genau 1500 Jahre vor dem Tod eines anderen «Väterchens» von vergleichbarer Gewalttätigkeit. Zwischen 435 und 444 teilte Attila sich mit seinem älteren Bruder Bleda, der wohl ebenfalls einen germanischen Namen trug, die Herrschaft, die er nach dessen Ermordung bis zu seinem Tod allein ausübte. Innerhalb dieser neun Jahre erwarb Attila für die Zeitgenossen, besonders jedoch für die Nachwelt, seinen Ruf als Geißel Gottes. Ja, man traute ihm zu, nach der Unterwerfung der beiden Römerreiche und des Perserreichs die Weltherrschaft anzutreten. Attila galt ebenso als goldgieriger und heimtückischer Feind von Goten und Burgundern wie als hilfreicher und wohlwollender Herrscher, der bedrängten und flüchtigen Heldenkönigen und ihren Völkern ehrenvolle Aufnahme und sicheres Exil bot.

Der byzantinische Gesandte Priskos, der 448/49 am Hofe Attilas weilte, spricht von seiner «kurzen Gestalt, breiten Brust und seinem großem Kopf, schmalen Augen, geringem, grau geflecktem Barthaar, flacher Nase und dunkler (Gesichts)farbe». Der große Kopf könnte das Ergebnis einer in jungen Jahren erfahrenen, kulturtypischen Schädeldeformation (Frage 25) gewesen sein. Priskos überliefert auch den Bericht über Attilas Tod und den Text der Totenklage, die

«die auserlesensten Reiter aus dem gesamten Hunnenvolk» vortrugen, als sie den Platz umritten, wo man Attilas Leichnam auf freiem Feld in einem Zelt aus Seide aufgebahrt hatte: «Der Hunnen vornehmster König Attila, seines Vaters Mundzuc Sproß, der tapfersten Völker Herr, der mit vor ihm unerhörter Macht als Monarch die skythischen und germanischen Königtümer besaß, des römischen Erdkreises beide Kaiserreiche durch Plünderung der Städte schreckte und besänftigt durch Bitten, daß der Rest nicht zur Beute werde, Jahrgelder nahm; und als er all dies bei zunehmendem Glück vollbracht hatte, nicht durch Feindeshand, nicht durch Trug der Seinen, sondern unversehrten Stammes, unter Freunden fröhlich, schmerzlos dahinging: Wer möchte diesen einen (würdigen) Tod nennen, wenn keiner Rache (Frage 30) nehmen kann?» Und in der Tat war es ein «schändliches Ende für einen König, der großen Ruhm im Krieg erworben hatte», aber an einem Blutsturz in den Armen des «sehr schönen Mädchens Ildico (Hildchen)» starb. Attila, sein Bruder Bleda/Blödel(in) und seine Hauptfrau Erka/Helche waren die einzigen Nichtgermanen, die die germanische Heldensage aufnahm. Das Nibelungenlied kennt Attila als König Etzel und schildert ihn eher als Objekt denn als Subjekt der Handlung, die in einer allgemeinen Tragödie endet (Frage 31).

87. Wer war Odoaker? Der Skire Odoaker (476–493) wurde um das Jahr 433 geboren. Sein Vater hieß Edika, stand im Dienste Attilas (Frage 86) und wurde nach dem Ende des Hunnenreiches König der Skiren am linken Ufer der mittleren Donau. Odoakers Mutter war eine Skirin unbekannten Namens. Sein älterer Bruder Hunulf machte zwischen 469 und 479 Karriere in der oströmischen Armee und ging dann nach Ravenna zu seinem königlichen Bruder. Odoakers Gemahlin hieß Sunigilda, sein Sohn Thela. Der Vater Edika fiel 469 in Pannonien in einer Schlacht gegen die Goten (Frage 70). Danach zog Odoaker mit zahlreichen skirischen, rugischen und erulischen Scharen nach Italien, wo er kaiserlicher Gardesoldat wurde. Im Frühherbst 475 erhob der Patrizius Orestes, der ehemalige lateinische Sekretär Attilas und Todfeind Edikas, seinen kleinen Sohn Romulus, den die Nachwelt als Kaiserlein, als Augustulus, in Erinnerung behielt, gegen den rechtmäßigen Kaiser Nepos zum Imperator. Im Jahre 476 verlangten die in Italien stehenden, hauptsächlich germanischen Föderatenkrieger die finanzielle Gleichstellung mit den römischen Soldaten (Frage 57). Orestes wies die Forderung zurück, während Odoaker ihre Erfüllung versprach. Darauf erhoben die Föderatenkrieger den Skiren am 23. August 476 zum König, der bald darauf das Römerheer besiegte und Orestes töten ließ. Der kleine Romulus wurde abgesetzt und durfte als Privatmann mit seiner Mutter weiterleben.

Auf den ersten Blick war Odoakers Machtergreifung eine Usurpation bisher unvorstellbaren Ausmaßes (Frage 60). Ein Barbar, ein Nicht-Römer, hatte im italienischen Kernland des Reiches den verhaßten Königstitel angenommen und einen römischen Kaiser abgesetzt. Er wollte an dessen Stelle herrschen, denn er übernahm die Reichsverwaltung und vergab römische Militär- und Zivilämter. Bei näherer Betrachtung ergibt sich freilich ein wesentlich differenzierteres Bild: Für Konstantinopel, das seine Anerkennung des Kaisers Nepos niemals widerrufen hatte, war schon Romulus ein Usurpator gewesen, so daß Odoaker nur einen solchen vertrieben und keinen Kaiser abgesetzt hatte. Aber die volle kaiserliche Anerkennung erhielt der König nicht. Im Spätherbst 487 vernichtete Odoaker das Rugierreich an der niederösterreichischen Donau. Der König und seine Königin, eine Ostgotin, fielen in die Hände des Siegers und fanden in Italien den Tod. Ihr Sohn versuchte 488 sein Reich zurückzuerobern, doch wurde er von Odoakers Bruder vertrieben und flüchtete sich zu seinem Verwandten, dem Gotenkönig Theoderich den Großen (Frage 88). Diesen hatte Kaiser Zenon bereits für den Angriff auf Italien gewonnen. Von Ende August 489 bis Ende Februar 493 kämpften Theoderich und Odoaker mit wechselndem Erfolg um Italien, bis der Stadtbischof von Ravenna einen Vertrag vermittelte, wonach beide gemeinsam über Italien herrschen sollten. Indem Theoderich dem Verhandlungsergebnis zustimmte, hatte er den Vertrag mit dem Kaiser zwar gebrochen; dafür konnte er in die Hauptstadt Ravenna einziehen. Bald darauf brach Theoderich auch den Vertrag mit Odoaker und tötete seinen Mitkönig, dessen Schicksal die skirische Königsfamilie und viele seiner Leute samt ihren Angehörigen teilten. Theoderich begründete seine Tat mit der Pflicht zur Blutrache (Frage 30) für die «Seinen», wohl für die getötete Rugierkönigin und ihren Mann.

88. Wer war Theoderich der Große?
Der Amaler (Frage 61) Theoderich, dessen Name aus den Bestandteilen *thiuda-reiks* besteht und Volkskönig bedeutet, kam als ostgotischer Königssohn 451 in der Re-

Abb. 30: Goldmedaillon mit dem Portrait Theoderichs des Großen, 451–526 n. Chr.

sidenz seines Vaters Thiudimir am Plattensee zur Welt und starb am 30. August 526 als *Flavius Theodericus rex*, als flavischer König der «Goten und Italiker», in seiner Hauptstadt Ravenna. Theoderichs Mutter war Ereleuva-Erelieva und überlebte Thiudimir (gestorben 474), mit dem sie nicht vollgültig verheiratet war, um Jahrzehnte. Sie wurde Katholikin und nahm den Namen Eusebia an. In Italien galt sie als Königin. Theoderich hatte einen jüngeren Bruder Thiudimund und zwei Schwestern, eine, deren Namen man nicht kennt, und Amalafrida. Letztere hatte mit ihrem ersten Mann zwei Kinder: den späteren Ostgotenkönig Theodahad (534–536) und Amalaberga, die um 510 den Thüringerkönig Herminafrid heiratete. In zweiter Ehe war Amalafrida mit dem Vandalenkönig Thrasamund verheiratet, wurde aber von dessen Nachfolger 525 getötet. Theoderich der Große hatte von mindestens drei verschiedenen Frauen wenigstens fünf, davon drei namentlich bekannte Töchter, aber keinen Sohn. Die Töchter aus der ersten (den ersten?), vielleicht nicht vollgültigen Verbindung(en) hießen Thiudigotho, die er dem Westgotenkönig Alarich II. bald nach 493 zur Frau gab und die die Mutter des Westgotenkönigs Amalarich (526–531) wurde, und Ostrogotho, die nach längerer Verlobungszeit um 497 den burgundischen Kronprinzen Sigismund heiratete, mit dem sie den Sohn Sigerich hatte, den der eigene Vater

522 ermorden ließ. Bald nach der Erringung der italienischen Alleinherrschaft ging Theoderich seine einzige gesicherte Vollehe ein. Er
ehelichte Audofleda, die Schwester Chlodwigs I. (Frage 90). Ihrer beider Tochter war die 535 von Theodahad getötete Amalasuintha, die
den westgotischen Amaler Eutharich (gestorben 522) heiratete und
mit ihm den Theoderich-Nachfolger Athalarich (526–534) und Matasuintha (gestorben nach 551) hatte. Mit der Enkelgeneration Theoderichs verschwinden die Amaler (Frage 61) aus der Geschichte.

Theoderich lebte zwischen 459 und 469 als Geisel in Konstantinopel und lernte dort von seinem achten bis achtzehnten Lebensjahr
«im Staat der Kaiser mit Gottes Hilfe, wie man gerecht über Römer
herrsche». Im Jahre 469 kehrte Theoderich in die Heimat zurück und
bewährte sich sehr rasch als erfolgreicher Heerkönig. Im Jahre 473
(Frage 70) verlegten König Thiudimir und sein Sohn Theoderich ihren
Herrschaftsbereich von der Donau nach Makedonien, wo die Goten
Theoderich nach dem Tod des Vaters (474) zu ihrem König erhoben.
Noch vor 476 errichtete Theoderich seinen Herrschaftsmittelpunkt
in Novae-Svištov an der niedermösischen (nordbulgarischen) Donau,
wo er sich mit Unterbrechungen bis zum Zug nach Italien 488 auf-
hielt. Am 1. Januar 484 trat Theoderich in Konstantinopel den Kon-
sulat an, das nominell immer noch höchste römische Staatsamt. Im
Jahre 488 nahm der Gotenkönig das vertraglich abgesicherte Angebot
Kaiser Zenons (474–491) an, gegen Odoaker (Frage 87) zu marschie-
ren. Nach einem halben Jahrzehnt wechselvoller Kämpfe konnte
Theoderich 493 in Ravenna einziehen. Aufgrund eines Kompromis-
ses, den ein Bischof vermittelt hatte, sollten er und Odoaker gemeinsam die Herrschaft ausüben. Aber Theoderich brach den Vertrag und
soll seinen Gegner eigenhändig erschlagen haben. Das Gotenheer rief
ihn nochmals zum König aus, was Konstantinopel aber erst 497 anerkannte. Das Problem der Ansiedlung der siegreichen Goten wurde
jedoch noch 493 erfolgreich gelöst (Frage 57).

Prokopios von Kaisareia, der Sekretär des byzantinischen Feldherrn und Gotensiegers Belisar, urteilte über den toten Theoderich:
«Hierauf (nach der Ermordung Odoakers) gewann Theoderich die
überlebenden feindlichen Barbaren für sich, so daß er nun unange-
fochten die Herrschaft über Goten und Italiker ausübte. Die Insig-
nien und den Titel eines Kaisers der Römer anzunehmen, lehnte er
ab. Zeitlebens ließ er sich nur als König bezeichnen, wie die Barbaren
ihre Herrscher zu nennen pflegen, regierte aber über seine Unterta-

Abb. 31: Höllenfahrt Theoderichs, Verona, San Zeno Maggiore, 12. Jh. n. Chr.

nen mit allen Eigenschaften, die jemandem zukommen, der von
Natur aus Kaiser ist. Nachdrücklich sorgte er für Gerechtigkeit und
wahrte die Gesetze; er schützte das Land vor den benachbarten Barbaren und bewies höchste Klugheit und Tapferkeit. Seinen Untertanen tat er fast nie ein Unrecht an und ließ es auch von keinem anderen zu, außer daß die Goten unter sich die Landlose verteilten, die
schon Odoaker seinen Leuten überlassen hatte. So war Theoderich
dem Namen nach ein Usurpator, aufgrund seines Wirkens aber ein
wahrer Kaiser und stand keinem seiner berühmten Vorgänger in ir-
gendeiner Weise nach. Die Goten und Italiker liebten ihn daher sehr,
was sonst nicht menschliche Art ist ... Theoderich starb nach 37jähri-
ger Regierung, ein Schrecken aller seiner Feinde, doch tief betrauert
von seinen Untertanen.»

Das schöne Bild wird freilich von der Grausamkeit und den politischen Fehlern verdunkelt, die der alternde Theoderich in den letzten
Jahren vor seinem Tod beging. Der römische Staatsmann und Philosoph Boethius (Frage 59) und andere Mitglieder des Senats, aber auch
Papst Johannes I. wurden als Verräter und Agenten Konstantinopels
betrachtet und umgebracht. Als der König am 30. August 526 an der
Ruhr starb, waren die meisten Katholiken von der Höllenfahrt des
einstigen Gotenherrschers überzeugt. Ein Einsiedler sah auf der Insel
Lipara, «der König sei ohne Gürtel und Schuhe, die Hände gefesselt,
von Papst Johannes und dem Patrizier Symmachus in den Krater
des benachbarten Vulkans gestürzt worden». Andere ließen den Amaler auf teuflischen Pferden entführt werden oder aus Schrecken und
Reue über seine Untaten am Nervenfieber sterben. Und bei all den
ominösen Visionen verwundert es nicht, daß man zu erzählen wußte,

der König habe noch in den toten Augen eines Fisches, der an der Hoftafel gereicht wurde, das Antlitz eines hingerichteten Senators erblickt. Davon ließ sich freilich die germanische Heldensage nicht beeindrucken; in ihr lebt Theoderich als Dietrich von Bern (= Verona) fort.

89. Werden Aussprüche Theoderichs des Großen überliefert? In direkter und indirekter Rede werden mehrere Aussprüche Theoderichs des Großen (Frage 88) überliefert, von denen einer in einem Synodalprotokoll steht und daher am ehesten authentisch ist. Im Jahre 501 suchte ein in Rom tagendes Konzil eine lange Kirchenspaltung zu beenden. Der König soll dabei die versammelten katholischen Väter auf folgende Weise angesprochen und dabei mittelbar die Gleichrangigkeit der katholischen wie seiner homöischen (Frage 50) Bischöfe betont haben: «Wenn Ihr nach meiner Meinung fragt – was Gott im Evangelium befiehlt, das befolgt. Es ist allein Eure Aufgabe, Senat, Klerus und Volk zu befrieden. Was Ihr urteilt, das schreibt. Wir werden bestätigen, daß Ihr eine gute Ordnung macht, wenn Ihr dem Volk, dem Senat und dem Klerus den Frieden gebt. Wenn Ihr das nicht zustande bringt, zeigt Ihr nur, daß Ihr bloß eine Partei unterstützt. Meine Person dürft Ihr nicht fürchten, da Ihr vor Gottes Antlitz einst Rechenschaft zu geben habt. Und wollte Euch einer mit Gewalt zu einem Unrecht zwingen, so habt Ihr nicht Eure Güter und Vorteile zu wahren, sondern das Recht. Denn viele Bischöfe sowohl Euren wie unseren Bekenntnisses haben für die Sache Gottes Amt und Besitz aufs Spiel gesetzt und leben doch.»

90. Wer war Chlodwig I.? Der Merowinger (Frage 63) Chlodwig I., dessen Name soviel wie Kampfruhm bedeutet, wurde 466/67 wohl im heute belgischen Tournai geboren und starb 511 mit 45 Jahren «im dreißigsten Jahr seiner Herrschaft». Seine Eltern waren Childerich I., ein römischer General und König der fränkischen Salier, seine Mutter hieß Basina und war eine Thüringerin, jedoch nicht von jenseits des Rheins, sondern eine Dame aus der Nachbarschaft. Von ihr erzählte man sich sehr bald «schöne Geschichten». Man kennt die Namen von drei Schwestern Chlodwigs, darunter Audofleda, die Frau Theoderichs des Großen (Frage 88). Vor der Heirat um 493 mit der katholischen Burgunderin Chrotechilde (gestorben 544), die ihm vier Söhne und eine Tochter gebar, hatte Chlodwig von einer unbe-

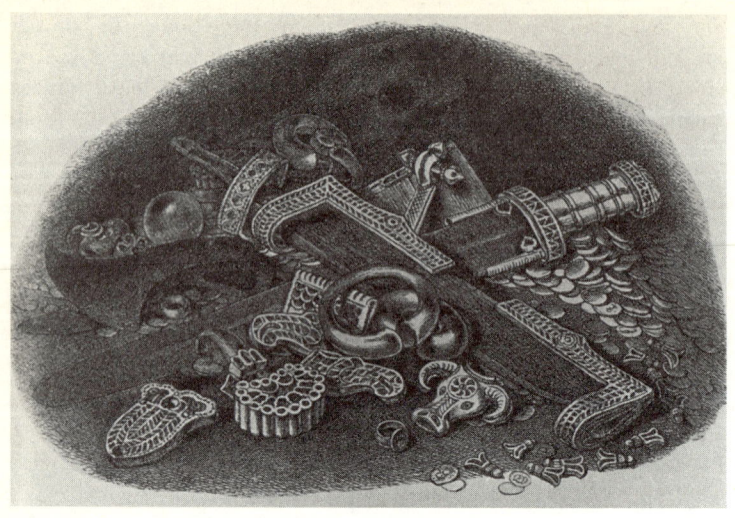

Abb. 32: Holzstich, 19. Jh., des Schatzfundes im Childerich-Grab, 5. Jh. n. Chr., in Tournai

kannten Frau einen Sohn namens Theuderich. Er war der bedeutendste unter seinen Kindern und wurde wie sein Vater eine Gestalt der Heldensage (Hugdietrich). Chlodwig trat 481/82 die Nachfolge seines Vaters im Alter von kaum 16 Jahren an. Ungefähr mit 20 Jahren begann er eine überaus erfolgreiche Expansionspolitik, die ihn nicht nur zum Herrn aller Franken und darüber hinaus des Großteils Galliens machte, sondern seinem Königreich auch rechtsrheinische Gebiete einverleibte, welche die Römer niemals hatten erobern können.

Chlodwig gewann die letzten Reste römischer Staatlichkeit in Gallien, vernichtete die zahlreiche innerfränkische Konkurrenz, bereitete die Gewinnung des Burgunderreichs und des Thüringerreichs vor, bekämpfte die Bretonen, nahm den Westgoten 507 Aquitanien mit ihrer Hauptstadt Toulouse ab (Frage 100), entschied sich für die Bekehrung zum katholischen Glauben (Frage 48) und besiegte in mehreren Kriegen die Alemannen, so daß sie ihn als König anerkennen mußten. Alemannensieg und Bekehrung Chlodwigs werden unmittelbar aufeinander bezogen und auf 496/97 beziehungsweise 497/98 datiert. In einer Schlacht – angeblich in der Nähe von Zülpich – soll er sich in bedrängter Lage für den Glauben seiner Frau Chrotechilde entschieden haben, wenn er siegen sollte. Chlodwig hatte Erfolg, verhandelte intensiv mit seinen eigenen Leuten wie mit dem gallo-römischen Episkopat und wurde spätestens zu Weihnachten 497/98 von Bischof Remigius von Reims getauft. Mag auch die Überlieferung die Ereignisse etwas ausgeschmückt haben, Chrotechildes Mitwirkung an der Bekehrung ihres Mannes darf nicht unterschätzt werden. Von nun an trat der Frankenkönig als Vorkämpfer des katholischen Glaubens gegen die homöischen Westgoten auf (Frage 50) und fand dafür sowohl die Zustimmung und Mitwirkung der gallo-römischen Mehrheitsbevölkerung wie die kaiserliche Anerkennung. Auf Befehl des Frankenkönigs trat 511 die erste fränkische Synode in Orléans zusammen. Theoretisch wurden die Bischöfe «mit Willen des Königs gemäß der Wahl von Klerus und Volk» vom jeweiligen Metropoliten eingesetzt. Chlodwig fand jedoch bei mehreren Bischofsernennungen, daß dazu sein Wille vollauf genüge. Der König erbaute nachweisbar die Pariser Apostelkirche, schon sehr bald Ste. Geneviève genannt, wo er für sich und seine Gemahlin die letzte Ruhestätte finden wollte. Von einer königlichen Unterstützung der Klöster wird nichts berichtet; allerdings starb seine Schwester Albofledis, die mit ihm zusammen Katholikin wurde, als Nonne, und zudem schenkte der König mehrmals reiche Gaben an St. Martin von Tours, an den gallischen «Nationalheiligen», dem er sich für seinen Sieg über die Goten verpflichtet wußte. Nach dem Gotensieg errichtete Chlodwig einen Königssitz zu Paris. Ob diese Entscheidung, die vorwiegend strategische Gründe hatte, in dem noch kleinen Ort eine größere Bautätigkeit auslöste, wird nicht gesagt und ist auch unwahrscheinlich. Daß Chlodwig Urkunden ausgestellt hat, ist nicht nachzuweisen, aber wahrscheinlich. Eine Urkunde war nun nicht mehr das Ergebnis eines rechtsbegründenden Aktenlaufs, wie wir dies auch heute gewohnt sind, sondern sie verkörperte selbst das Recht, trug es gleichsam in sich. Die Urkundensprache blieb Latein. In dieser Sprache wurde auch zwischen 507 und 511 das salische Recht abgefaßt; doch enthielt keine kontinentale Rechtskodifikation des Frühmittelalters so viele volkssprachliche Fachausdrücke wie die *Lex Salica*. Ein späterer Prolog des salischen Rechts nennt Chlodwig «den ersten König der Franken». Diese Bezeichnung ist insofern berechtigt, als es vor ihm nur «Könige von (einzelnen) Franken(völkern)» gab. Chlodwig hat die fränkischen Königtümer seiner Vorfahren und Vorgänger zu einem allgemeinen fränkischen Königreich vereint, dem auch die Teilungen, die seine Nachfahren erstmals im Jahre 511 durchführten, weder in Theorie noch Praxis etwas anhaben konnten.

91. Wer war Dagobert I.? Dagobert I. (623/29–639) war der Sohn Chlothars II., der 613 das Frankenreich in seiner Hand vereinigt hatte.

Dagobert wurde von seinem Vater 623 in Austrasien, im Ostteil des Frankenreichs, als König eingesetzt und folgte ihm 629 im Gesamtreich nach, obwohl er einen Bruder besaß, der Anspruch auf ein Teilreich besessen hätte. Die Interessen des austrasischen Adels stützten die Intentionen Dagoberts, die Schwäche der Awaren, die 626 vor Konstantinopel eine schwere Niederlage erlitten hatten, zu nützen und den fränkischen Einflußbereich nach Osten zu erweitern. Im böhmischen Kessel hatten slawische Gruppen einen Mann namens Samo, wohl einen reisenden fränkischen oder burgundischen Waffenhändler, zum König erhoben, um die Abwehr der Awaren effektiver zu gestalten. Alle Völker, die an der Grenze zu Awaren und Slawen wohnten, heißt es etwas umständlich, wollten sich nämlich Dagobert freiwillig unterwerfen und forderten ihn auf, alle Völkerschaften zwischen den Awaren, Slawen und Byzanz zu unterwerfen. Dazu zählten auch die Samo-Slawen, die von Dagobert erwarteten, «daß er ihnen glücklich hinter den Rücken gehe». Aber aus diesen großen Hoffnungen wurde nichts. Ja, im Gegenteil. Dagobert setzte auf friedliche Koexistenz mit den Awaren und gab Befehl, bulgarische Flüchtlinge, die das pannonische Reich der Reiternomaden verlassen hatten, in großer Zahl zu töten. Überdies geriet er mit Samo in Konflikt und griff mit fränkisch-alemannischen und wohl auch bayerischen Truppen sowie unterstützt von langobardischen Kontingenten das Samoreich an. Vor allem die Niederlage der von Dagobert unmittelbar geführten Streitmacht wurde von den Zeitgenossen registriert. Trotzdem war er der letzte Merowinger (Frage 63), der, obgleich im Einvernehmen mit dem Adel, noch selbständig regierte und das Frankenreich erweiterte. Zu seiner Zeit werden in fränkischen Quellen nicht bloß die Bayern zum ersten Mal als ein von den Franken abhängiges Volk erwähnt, sondern auch die Slawen des böhmischen Kessels, an der Saale und in den Alpen. Die Nachwelt hielt seinen Namen in Ehren. Der im Hochmittelalter verwendete, vielleicht aus der Zeit Karls des Großen stammende Krönungssessel der französischen Könige galt als Dagobertsthron. Noch 1804 ließ ihn Napoleon anläßlich seiner Kaiserkrönung restaurieren.

Abb. 33: Der ‹Dagobertsthron›, Faltstuhl mit Löwenköpfen, frühestens um 800 n. Chr.

Schlachten und Schlachten-schilderungen

92. Welchen Wert haben Schlachtenschilderungen?

Weder die meisten Leser noch der Autor dieser 101 Fragen sind an kriegshistorischen Details interessiert. Wenn dennoch einige Schlach-tenschilderungen geboten werden, ist die Auswahl zu erklären und zu begründen. Ausgewählt wurden aus didaktischen Gründen er-stens solche Auseinandersetzungen, die – entgegen der Tatsache, daß es sie nicht gibt – als Entscheidungsschlachten gelten. Der Untergang des Varus-Heeres im Teutoburger Wald (Frage 93) bedeutete nicht das Ende der Kämpfe zwischen den Römern und dem von Arminius angeführten Stammesbund, sondern deren Beginn. Mit Adrianopel (Frage 98) hat nicht das «Zeitalter der Ritter» begonnen. Die Erobe-rung Roms durch die Goten 410 (Fragen 60 und 70) bedeutete nicht das Ende des *Imperium Romanum*. Aetius gelang auf den Katalauni-schen Feldern (Frage 99) keineswegs die Vernichtung Attilas und sei-ner Hunnen. Der Sieg Chlodwigs I. bei Vouillé (Frage 100) bewirkte nicht das Ende der gotischen Präsenz in Südgallien. Und so weiter und so fort. Die Auswahl ist aber zweitens insofern sinnvoll, als die genannten Schlachten die Aufmerksamkeit der Zeitgenossen wie der Nachwelt in zumeist überdurchschnittlichem Maße erweckten. Die wichtigsten ethnographischen Kategorien waren «wilde Lebensart und Bewaffnung». Von beidem ist vornehmlich die Rede, wenn un-sere Quellen über Schlachten berichten. Die andere Welt der «äuße-ren Völker» lebte aus dem heroischen Pathos der «Taten tapferer Männer». Daher bieten Schlachtenschilderungen nicht bloß aus-führliche Verlaufsberichte, sondern zudem einmalige ökonomische, ethno-soziale, ja selbst mentalitätsgeschichtliche Informationen. Aus diesem Grund sind sie auch für diejenigen interessant, die der Lek-türe blutiger Gemetzel wenig abgewinnen können.

93. Was geschah in der Schlacht im Teutoburger Wald und wo fand sie statt?

Die römische Reichsregierung betraute im Jahre 7 n. Chr. den bisherigen syrischen Statthalter Varus mit der Verwal-tung des scheinbar unterworfenen germanischen Nordwestens. Da-mit verbunden war das Kommando über die fünf Rheinlegionen und ihre Auxiliareinheiten, insgesamt wohl 60 000 bis 70 000 Mann. Varus hatte Syrien als reicher Mann verlassen und schien es sich nun leisten zu können und zu wollen, zum Abschluß einer glänzenden, in der Huld des Augustus durchlaufenen Karriere für Rom bei Wilden Dienst zu tun und sie der Segnungen der *Romanitas*, der Zugehörigkeit zur römischen Welt, wie Steuern und Truppenaushebungen, teilhaftig werden zu lassen. So wurde er das leichte Opfer des Arminius (Frage 81) und seiner Mitstreiter. Im Jahre 9 n. Chr. befehligte Arminius cheruskische Hilfstruppen der Rheinarmee und machte sich zur selben Zeit Varus unentbehrlich wie er den Aufstand gegen den Statthalter vorbereitete. Der innergentile Gegenspieler des Arminius war Segestes, der noch am Tag vor der Eröffnung der Feindseligkeiten schwere Anklage gegen ihn erhob und Varus aufforderte, zum Beweis für den geplanten Aufstand ihn selbst, Arminius und alle cheruskischen Fürsten festzunehmen sowie eine gerichtliche Untersuchung einzuleiten. Varus war jedoch mit Blindheit geschlagen, und so kam es, wie es kommen mußte: Wohl eher im September oder Oktober als im Juli oder August 9 n. Chr. brach Varus an der Spitze von drei, obgleich nicht vollzähligen Legionen mit Troß und zahlreichen Hilfstruppen auf, um noch vor dem Beziehen der Winterlager am Rhein den (fingierten?) Aufstand eines entfernten Volkes niederzuschlagen. Damit war der Vorstoß in unwegsames Gelände verbunden – eine Situation, die Arminius und seine Verbündeten erfolgreich nützten.

In einem eher drei- als zweitägigen Kampf wurde der römische Heerzug – gewiß deutlich über 18 000 Mann – vernichtet. Die Reiterei ergriff die Flucht, Varus tötete sich selbst. Rund ein Dutzend verschiedener Stämme, darunter vor allem die den Cheruskern gegenüber dem Rhein vorgelagerten Brukterer, Marser und Chatten, die in der Schlacht je einen Legionsadler erbeuteten, hatten sich freiwillig angeschlossen oder mußten, wie auch die cheruskischen Arminiusgegner um Segestes, dem allgemein beschlossenen Kriegszug (Frage 37) folgen.

Die Schlacht selbst fand im Teutoburger Wald statt, wofür zwischen dem heute so genannten Höhenzug östlich der Quellen von Ems und Lippe und dem Harz unzählige Lokalisierungen angeboten werden. Vor kurzem schien des Rätsels Lösung gefunden: Der Schlachtort mußte Kalkriese im Osnabrücker Land gewesen sein. Man baute so fest auf diese Lokalisierung, die einem pensionierten englischen Major und Sondengänger, der anscheinend beweismächtige Münzfunde gemacht hatte, verdankt wurde, daß man darauf sogar ein Museum samt touristischer Vermarktung baute. In der Zwi-

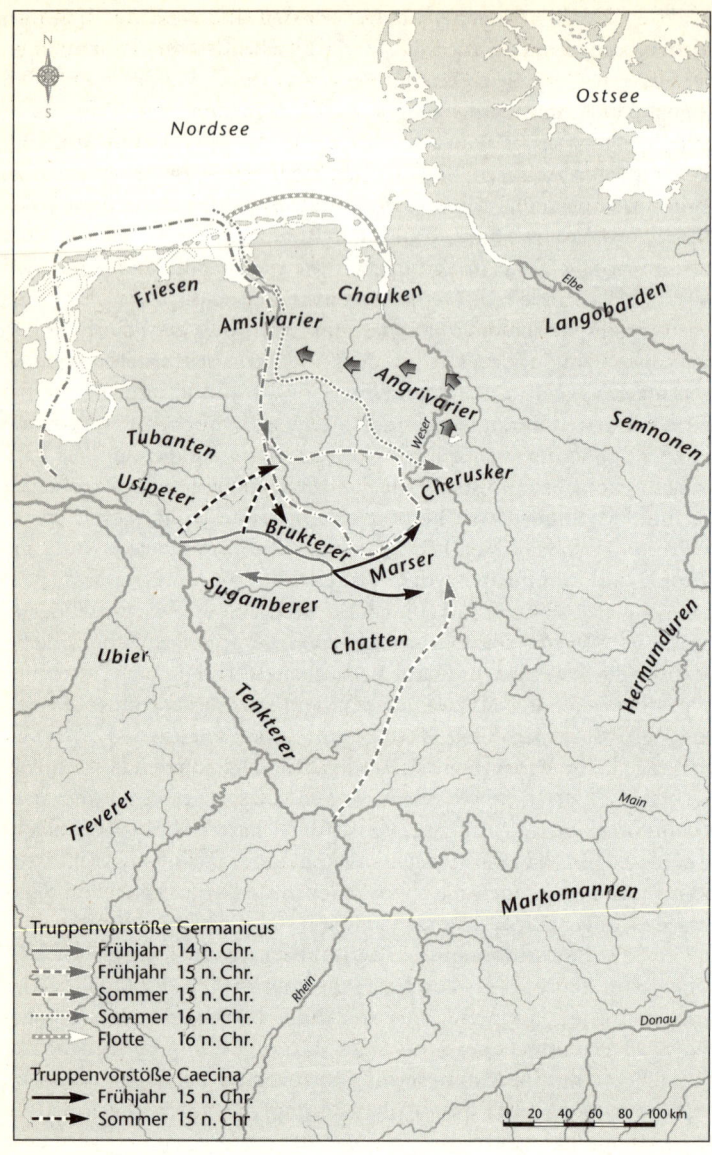

Die Karte zeigt die Feldzüge des Germanicus mit folgenden Beschriftungen:

Gewässer und Regionen: Nordsee, Ostsee, Elbe, Weser, Rhein, Main, Donau

Stämme: Friesen, Chauken, Langobarden, Amsivarier, Angrivarier, Semnonen, Tubanten, Cherusker, Usipeter, Brukterer, Marser, Sugamberer, Chatten, Hermunduren, Ubier, Tenkterer, Treverer, Markomannen

Legende:

Truppenvorstöße Germanicus
- Frühjahr 14 n. Chr.
- Frühjahr 15 n. Chr.
- Sommer 15 n. Chr.
- Sommer 16 n. Chr.
- Flotte 16 n. Chr.

Truppenvorstöße Caecina
- Frühjahr 15 n. Chr.
- Sommer 15 n. Chr

0 20 40 60 80 100 km

Abb. 34: Feldzüge des römischen Oberbefehlshabers Germanicus
zwischen 14 und 16 n. Chr.

schenzeit ist alles wieder relativiert worden (Peter Kehne, Reinhard Wolters), und man ist mit Kalkriese der tausendsten Lokalisierungsmöglichkeit um einen Platz näher gerückt. Der Verfasser muß bekennen, daß er dem Streit der Originalisten, denen die Lokalisierung eines historischen Ereignisses wichtiger als das Ereignis und seine Bedeutung selbst ist, nichts abgewinnen kann. Er erklärt daher feierlich, daß ihm die genaue Lokalisierung der Varus-Schlacht von bestenfalls untergeordneter Bedeutung erscheint, und zwar auch auf die Gefahr hin, im Jahre 2009 kein Visum für die Einreise nach Norddeutschland zu erhalten. Und noch eine Ketzerei: Man kann die Schlacht im Teutoburger Wald nicht bloß als Niederlage Roms gegen die Germanen verstehen, sondern auch auf folgende Weise beschreiben: Damals besiegte der römische Ritter und Offizier Arminius mit römischen Hilfstruppen und germanischen Stammeskriegern den germanischen Statthalter, Senator und Konsular Varus und dessen Legionen samt deren nicht zuletzt aus Germanen bestehenden Auxiliareinheiten. Kann diese Aktion als Verrat oder als die Tat des Befreiers Germaniens gelten – wie Tacitus schrieb: «haud dubie Germaniae liberator»? Diese Doppelfrage geht an den Frager zurück.

94. Was geschah nach der Varus-Schlacht? Nach dem Tod des Varus übernahm der kaiserliche Adoptivsohn Tiberius das Kommando über die nun wieder aus acht Legionen bestehende Rheinarmee. Er unternahm in Begleitung seines Neffen Germanicus, den er seinerseits auf Befehl des Augustus adoptiert hatte, erste Strafexpeditionen gegen rheinnahe Germanenvölker, wobei er selbst in Lebensgefahr geriet und der unter ihm dienende Arminius-Bruder Flavus schwer verwundet wurde. Im Jahre 13 n. Chr. wurde Tiberius von Germanicus abgelöst, um Germanien bis zur Elbe wieder zu erobern. Der Tod des Augustus 14 n. Chr. unterbrach kurzfristig die Kriegsvorbereitungen, erlaubte aber der cheruskischen Führungsschicht, sich wieder ihrem alten Streit hinzugeben. Arminius (Frage 81) raubte die Segestes-Tochter Thusnelda (Frage 83). Es kam zum offenen Kampf. Segestes gelang es, seinen verhaßten Schwiegersohn festzunehmen, der jedoch bald von seinen Gefolgsleuten befreit wurde und nun seinerseits Segestes zum Gefangenen machte. Bald darauf vermochte Segestes nicht nur, sich selbst wieder zu befreien, sondern auch die von Arminius schwangere Tochter mit Gewalt in seinen befestigten Fürstensitz zu bringen. Hier belagerte ihn Arminius kurz darauf mit einer großen Gefolgschaft, mußte aber abziehen, da Germanicus einem Hilferuf des Segestes mit Truppenmacht gefolgt war. Dies geschah im Frühjahr 15 n. Chr., worauf Segestes mit Sohn Segimund und Tochter Thusnelda den Römern in linksrheinisches Gebiet folgte. Beide und den inzwischen geborenen Enkel Thumelicus sowie seinen Brudersohn Sigithank konnte Segestes von der Ehrenloge aus betrachten, als sie im Mai 17 n. Chr. im römischen Triumphzug des Germanicus mitmarschieren mußten. Thumelicus, der in Ravenna erzogen wurde, «hatte unter einem schmachvollen Spiel zu leiden», aber man erfährt nicht, ob Tacitus damit den Triumphzug meinte oder was sonst mit dem einzigen bekannten Arminius-Sohn geschah; alt ist er jedenfalls nicht geworden, noch lernte er jemals seinen Vater oder die Heimat kennen.

Die volle Konsequenz seines Verhaltens hätte Segestes vielleicht doch voraussehen können, obwohl ihm Germanicus bei seiner Befreiung nicht nur einen linksrheinischen Wohnsitz, sondern auch Integrität und Sicherheit für sich, seine Kinder und Verwandten versprochen hatte. Aber Thusnelda hatte sich gerne von Arminius «rauben» lassen. Der Sohn Segimund hatte sich ebenso wie der Neffe Sigithank von den Römern vorübergehend losgesagt, und auch Segestes selbst hatte sich dem von der Volksversammlung (Frage 37) beschlossenen Krieg gegen die Römer nicht völlig entziehen können. Außerdem bedeuteten die Begleitumstände seiner Unterwerfung und Selbstverbannung die Ausschaltung der romfreundlichen und friedensbereiten Gruppe unter den Cheruskern, denen sein Vorgehen als «Neidingstat» gelten mochte. Sogar der alte Römerfreund Inguomer, der Vaterbruder des Arminius, schloß sich im Jahre 15 n. Chr. den Romfeinden an und ließ sich neben Arminius zum Heerführer gegen den zu erwartenden Großangriff der Römer wählen. Bei der ersten Gelegenheit setzte sich Inguomer sogar im Kriegsrat gegen seinen Neffen durch; doch endete die Durchführung seines Plans, die Römer frontal anzugreifen, in einem Fiasko. Daraufhin dürften die Cherusker auf Inguomers Feldherrentalente verzichtet haben. Trotz einiger Erfolge zogen sich die römischen Legionen wieder an den Rhein zurück, und Arminius dürfte wieder monarchische Gewalt auf Zeit ausgeübt haben. Das darauf folgende Jahr 16 n. Chr. sollte jedoch alles bisher Geleistete auf eine harte Probe stellen: Germanicus hatte erkannt, daß die langen Anmarschwege vom Rhein bis zur Weser, wo erst das Kernland der Cherusker begann, zu viel Substanz kosteten, so daß eine

Kriegführung mit durchschlagendem Erfolg kaum möglich war. Daher sollten alle acht Legionen und das gesamte Kriegsmaterial von der See her vornehmlich auf der Weser mitten in das Cheruskerland befördert werden. Zunächst kamen die Römer gut voran und durchquerten das Land der Angrivarier, der nördlichen Nachbarn der Cherusker. In der Nähe der Porta Westfalica trafen die Römer auf einer Ebene, dem *campus Idistaviso*, die Scharen des Arminius, wobei dieser verwundet und, wenn auch keineswegs entscheidend, geschlagen wurde. Mit den Angrivariern, die nun im Rücken der Römer den Aufstand probten, besetzten die Cherusker den Angrivarierwall, der allerdings dem Ansturm der Römer nicht standhalten konnte. Die erneut geschlagenen Germanen zogen sich darauf in die Wälder zurück und mieden jede weitere direkte Konfrontation. Daher mußte Germanicus abermals den Rückzug antreten, weit davon entfernt, das Gebiet bis zur Elbe befriedet oder gar als Provinz eingerichtet zu haben.

Weitere Kosten an Menschenleben und Material scheuend, berief der pragmatische Kaiser Tiberius (14–37 n. Chr.) seinen Neffen und Adoptivsohn ab und bewilligte ihm einen Triumph über die Cherusker und deren Bundesgenossen, den Germanicus am 25. Mai 17 in Rom feierlich beging. Damit hatte sich Arminius in den Augen des Tacitus die Bezeichnung «ohne Zweifel Befreier Germaniens» verdient. Allerdings verlieh ihm der Autor den Ehrentitel erst um 100 n. Chr., das heißt zu einem Zeitpunkt, als es gewiß war, daß die Reichsgrenzen am unteren Rhein auf Dauer eingerichtet, der Verlust des Varus-Heeres ungerächt bleiben und die Kaiser auf die Errichtung einer rechtsrheinischen Provinz Germania endgültig verzichten würden. Jedenfalls ziert der Ehrentitel des Arminius zwar heute das Hermann-Denkmal auf der Grotenburg bei Detmold. Die Worte beruhen jedoch auf der taciteischen Vorstellung von der tatsächlich nicht vorhandenen Einheit Germaniens und seiner Bewohner und haben kaum etwas mit der Tat und den Beweggründen des Cheruskerfürsten zu tun. Dieser wollte die unbestrittene Vorherrschaft in seinem Volk und über einen davon abhängigen Völkerbund, den Prinzipat (Frage 39), der es ihm erlaubte, in Konkurrenz zu Marbod (Frage 84) König (Fragen 38 und 39) zu werden.

95. Welche Bedeutung hatten die Markomannenkriege? Die Markomannenkriege, die von 164 bis 180 n. Chr. 14 Jahre lang die römischen Donauprovinzen – vom heutigen Franken bis nach Sie-

Abb. 35: Enthauptung germanischer Krieger durch römische Legionäre, Reliefdarstellung auf der Marcussäule, 2 Jh. n. Chr.

benbürgen – verwüsteten, bedeuteten für das Reich und seine Kultur einen nur wenigen anderen Katastrophen vergleichbaren Schock. Viele der anstürmenden Völkerscharen waren Grenznachbarn, mit denen man «seit Menschengedenken» kaum Schwierigkeiten hatte und deren Führungsschichten als stark romanisiert galten. Dafür zeugt etwa das 1988 entdeckte Königsgrab im südmährischen Mušov/Muschau etwa 80 km nördlich von Wien. Das 2. nachchristliche Jahrhundert hatte als Epoche der Adoptivkaiser begonnen und schien damit programmatisch die alte philosophische Forderung nach der Herrschaft des jeweils Besten und nicht des dynastisch Begünstigten verwirklicht zu haben. Und nun mußte ausgerechnet der Philosophenkaiser Marc Aurel (161–180) in vier aufeinander folgenden Feldzügen um den Bestand der Reichsgrenzen an der mittleren Donau ringen. Es ging zunächst um die Abwehr von insgesamt 16 «offiziellen» Kriegsgegnern mit Markomannen und Quaden an der Spitze. Dann eröffneten die Römer die Gegenoffensive und stießen weit über die Donau nach Norden vor. Die Bilder der Marcus-Säule stellen Massenhinrichtungen, Versklavung, Zwangsumsiedlungen, Verwüstungen und Zerstörungen jeglicher Lebensgrundlage der Barbaren dar. Als Marc Aurel am 17. März 180 – eher nahe der pannonischen Hauptstadt Sirmium (Sremska Mitrovica) als in Vindobona (Wien) – starb, hatte er die germanisch-sarmatischen Völker so schwer geschlagen, daß sein Sohn und Nachfolger Commodus (180–192) im August 180 das triumphale Ende der Kämpfe feiern konnte. Der neue Kaiser triumphierte zu Recht; seine Rückkehr nach Rom geschah nicht, wie es ihm manche Senatoren vorwarfen, aus Unfähigkeit und Bequemlichkeit. Was aber unterblieb, war die Erforschung der Ursachen für die nur vordergründig als Markomannenkriege zu bezeichnenden Invasionen. Wenn Langobarden (Frage 77), die an der unteren Elbe zu Hause waren, die Donau zu überschreiten suchten, wenn es die Römer mit Vandalen (Frage 73) im heutigen Siebenbürgen (Dakien) zu tun bekamen, stellt sich uns heute die, allerdings anachronistische Frage, warum man in Rom nicht intensiver dem Bericht nachging, daß die «über Dakien sitzenden Völker» in Bewegung geraten seien. Tatsächlich hatte die Wanderung der Gutonen/Goten (Frage 70) von der unteren Weichsel in die heutige Ukraine begonnen, wodurch der Zerfall der vandalischen Völkergemeinschaft, die im ostdeutsch-polnischen Raum für Stabilität gesorgt hatte, ausgelöst wurde.

96. Kämpften die Germanen auch zu Pferde? Der germanische Standardkämpfer war mit Schild, Speer und Lanze bewaffnet und kämpfte zu Fuß. Die Römer waren aber an den germanischen Reitern besonders interessiert, weil ihr Heer seine Reiterei zumeist bei «auswärtigen Völkern» rekrutierte. So setzte Caesar berittene Germanen in Gallien ein, und zwar nicht zuletzt zur Niederringung des Vercingetorix-Aufstandes von 52/51 v. Chr. Bereits 58 v. Chr. kommt der Feldherr auf die Reiterei Ariovists (Frage 80) zu sprechen. Dieser habe 6000 Reiter einsetzen können, die von ebensovielen jungen Fußkriegern, die sich an den Mähnen der Pferde festhielten, begleitet wurden. Diese gemischte Kampfgruppe preschte in rasendem Lauf vor, warf zahlreiche Speere, Framen, zog sich dann sogleich zurück und formierte sich zu neuem Angriff. Im Römerheer der frühen Kaiserzeit dienten batavische Reiter als Spezialeinheiten. Sie besaßen die viel bestaunte Fähigkeit, in voller Rüstung und mit ihren Pferden größere Gewässer, wie Po und Donau, zu durchschwimmen. Bei den frühen Franken und Alemannen dienten dagegen Pferde eher als Statussymbol und Transportmittel. So waren es erst die gotischen Völker, die

Abb. 36: Lanzenreiter
in Silberschale aus
dem Schatzfunde von
Isola Rizza, um 600

mit der Schlacht von Adrianopel (Frage 98) im August 378 die all-
mähliche «Verreiterung» der antiken und frühmittelalterlichen Heere
bewirkten. Für gewöhnlich hatte ein gotischer Reiterkrieger zwei oder
drei Pferde und fühlte sich als Sklave, wenn er zu Fuß gehen mußte.
Das Vorbild für diese Entwicklung lieferten die in der heutigen
Ukraine und in Südrußland skythisierten Greutungen/Ostrogothen
(Frage 70). Der gotische Reiter unterschied sich daher kaum vom
Lanzenreiter anderer Steppenvölker. Er trug einen Spangenhelm mit
Nacken- und Wangenschutz, steckte in einem beweglichen Panzeran-
zug, der wenigstens bis zu den Knien reichte, jedoch nicht unbedingt
aus Metall war, führte mit beiden Händen die überlange Stoßlanze
und besaß ein Schwert – vielleicht mit Elfenbeingriff – und den Rund-
schild als Zweitwaffen für den Nahkampf zu Pferd und, wenn nötig,
zu Fuß. Die Reiter saßen ohne Steigbügel auf gepanzerten Pferden
und galoppierten «mit langen Lanzen dicht gedrängt beisammen»
gegen den Feind. Die Blitzattacke, unter Kriegsgeschrei aus dem Hinterhalt vorgetragen, Umgehungsmanöver, um die feindliche Infanterie im Rücken zu fassen, Reiten bis zur Erschöpfung der Pferde in der
Hoffnung, so die Schlacht zu entscheiden, schneller, als verstellte
Flucht bezeichneter Rückzug hinter die Linien der eigenen Fußkrieger, falls die Attacke fehlschlägt, und Sammeln neuer Kräfte für ein

abermaliges Vorpreschen, womöglich durch Reserven verstärkt, sind die Kennzeichen der gotischen Taktik. In ihrer Einseitigkeit liegen Stärke wie Schwäche des Gotenheeres. Die verhältnismäßig einfache Kampfesweise konnte leicht geübt werden. Unterließ der Gegner die nötige Aufklärung oder trat Disziplinlosigkeit auf, erzeugte eine solche Reiterattacke die beabsichtigte Panik. Gerieten nämlich die feindlichen Linien ins Schwanken oder gar in Auflösung, gab es kein Halten mehr. Und dennoch waren die gotischen Reiter den «hunnischen» Fernkämpfern, das heißt den nach hunnischem Vorbild (Frage 72) bewaffneten berittenen Bogenschützen der kaiserlichen Armeen nicht gewachsen. Diese Fernkämpfer waren samt ihren Pferden gepanzert sowie mit Reflexbogen, Schwert, Schild und Lanze ausgerüstet und galten als Wunderwaffe der Heere Kaisers Justinian I. (527–565).

97. Kannten die germanischen Reiterkrieger den Steigbügel? Wie die Berittenen aller antiken Heere einschließlich der Hunnen (Frage 72) kannten auch die Germanen keinen Steigbügel. Dieser wurde erst im 6. Jahrhundert von den Awaren nach Europa gebracht und von den Byzantinern sehr rasch, nämlich bereits um 600, von den westlichen Heeren jedoch erst allmählich übernommen. Alemannische Gräber des 7. Jahrhunderts enthalten Steigbügel als Beigaben. Bildliche Darstellungen der Karolingerzeit zeigen, daß sich der Gebrauch des Steigbügels auch im westlichen Europa durchgesetzt hatte.

98. Was geschah in der Schlacht bei Adrianopel und was waren ihre Folgen? Am Morgen des 9. August 378 verließ der oströmische Kaiser Valens (364–378) mit seiner Armee die Stadt Adrianopel, das heutige Edirne an der türkisch-griechischen Grenze. Sein Ziel war es, die unter dem Fürsten Fritigern vereinten Goten (Frage 70), genauer terwingisch-greutungisch-alanisch-hunnischen Völker, zu vernichten. Die Goten erwarteten die Römer in und bei ihrer Wagenburg. Dies bedeutete aber, daß die kaiserlichen Truppen 18 Kilometer in glühender Hitze und mit voller Ausrüstung überwinden mußten, bevor es nach stundenlangem Marsch in den frühen Nachmittagsstunden zur ersten Feindberührung kam. Dabei entdeckte die römische Aufklärung, daß die Goten weit zahlreicher waren als bisher gemeldet. Nochmals versuchten beide Seiten, den Konflikt friedlich beizulegen. Während noch verhandelt wurde, griffen zwei römische Ein-

Abb. 37: Die Miniatur «Der Feldzug des Joab» aus dem Psalterium Aureum (vor 883) zeigt berittene Krieger mit karolingischer Ausrüstung und Steigbügeln.

heiten ohne Befehl an, die restliche Armee folgte auf regellose Weise. Kaum hatte aber so die Schlacht begonnen, entschied die Blitzattacke der gotischen Kavallerie (Frage 96) aus dem Hinterhalt den Tag. Die römische Kavallerie floh sofort, und ihr folgte die taktische Armeereserve. In der Zwischenzeit hatten Fritigerns Fußkrieger die Wagenburg verlassen und griffen von vorne an. Nun fehlte jede Möglichkeit, die Schlachtreihe wiederherzustellen. Die von allen Seiten umzingelten römischen Soldaten gingen zugrunde, und mit ihnen der Kaiser, die meisten seiner Generäle und nicht weniger als 35 Offiziere im Obersten-Rang. Bloß ein Drittel der Römer konnte entkommen. Wer gerettet wurde, verdankte sein Leben nicht zuletzt dem Umstand, daß die Schlacht erst am späten Nachmittag begonnen hatte und eine mondlose Nacht die Verfolgung erschwerte.

Man hat die Schlacht von Adrianopel als die große Wende in der abendländischen Kriegsführung bezeichnet. Tatsächlich waren die gotischen Reiter jedoch danach weder unbesiegbar noch läßt Adrianopel auf eine grundsätzliche Überlegenheit der Kavallerie über die Infanterie schließen. Auch fand hier sicher keine Entscheidungsschlacht statt. Trotzdem leitete dieser Tag einen Wandel der römischen Politik ein. Zum einen wurden damit die Grundlagen für die Schlacht am Frigidus (an der slowenischen Vipava) des Jahres 394 (Frage 85) und damit für die endgültige Christianisierung des Römerreichs gelegt. Zweitens begann mit Adrianopel eine neue gotische Ethnogenese (Fragen 65 und 67), wobei aus den donauländischen Terwingen die berittenen Westgoten wurden. Gleichzeitig änderte sich der archäologische Befund von der Donaumündung bis zur Innmündung. Eine, vornehmlich von den Westgoten getragene skythische Koine breitete sich über die Donauprovinzen des Römerreichs aus. Drittens erfuhr der von Konstantin dem Großen begonnene Ausgleich zwischen der antiken und der nichtantiken Welt einen weiteren grundlegenden Wandel. Die Römer mußten sich mit den assimilierten Fremden vertragen, auch wenn man sie überwunden hatte. Es waren neue Wege zu gehen, um das Barbarenproblem zu lösen. Die Lehre der Schlacht von Adrianopel – man möchte meinen, Kaiser Theodosius der Große (379–395), «der Freund des Friedens und des Gotenvolkes», und seine Berater hätten sie gezogen, indem sie die nötigen Alternativen entwickelten, um auf die Herausforderungen der Zeit zu antworten.

99. Was geschah in der Schlacht auf den Katalaunischen Feldern?

Im Jahre 450 hatten sich die beiden Reichsregierungen darauf geeinigt, die Zahlung der Jahrgelder an Attila (Frage 86) einzustellen und alle demütigenden Verhandlungen abzubrechen. Damit war der Kriegsfall gegeben, und zu Jahresbeginn 451 marschierten hunnische Völker (Frage 72) donauaufwärts nach Westen: Aufgeboten waren die Gepiden unter König Ardarich, die Ostgoten (Frage 70) unter Valamir, Thiudimir und Vidimir, dazu Rugier, Skiren, Eruler, Donau-Sueben und Sarmaten. Am Rhein konnte mit dem Anschluß der «Wormser» Burgunder (Frage 74) sowie eines Teils der wegen einer Nachfolgefrage gespaltenen Franken gerechnet werden. Auch die Heimholung gallischer Alanen galt als ein Kriegsziel Attilas. Daß sich Attila diesmal für einen Westfeldzug entschied, dürfte nicht zuletzt der Vandalenkönig Geiserich (Frage 73) verursacht haben. Reiche Geschenke gingen von Karthago an die Theiß, wo sie ihre Wirkung nicht verfehlten.

Das Angriffsziel war Gallien. Die hier lebende Gemeinschaft von Römern und Barbaren betrachteten Attila und Geiserich bloß als

«Vereinigung zwieträchtiger Völker». Doch im Jahr 451 bestand diese Gemeinschaft ihre Bewährungsprobe. Ihr oberster Verteidiger war Aetius, Patrizius und Oberkommandierender der römischen Truppen, mit dem die Hunnen bisher sehr gut ausgekommen waren. Nun bekämpfte Aetius die einstigen Alliierten unter der monarchischen Herrschaft Attilas mit aller Macht. Das römische Aufgebot bestand aus allen Völkern, denen das Gallien des 5. Jahrhunderts Heimstatt bot, sei es, daß sie von auswärts gekommen oder hier neu entstanden waren: Genannt werden außer den Westgoten auch Rheinfranken, Bretonen, sarmatische und germanische Siedler, Burgunder, gallische Sachsen sowie die Angehörigen ehemaliger römischer Militärbezirke. Dazu kamen die Orléans-Alanen unter Führung ihres Königs Sangiban.

Auf den Katalaunischen oder, genauer, Mauriacensischen Feldern zwischen Troyes und Châlons-sur-Marne wurde die große Schlacht geschlagen. Sie wurde um drei Uhr nachmittags eröffnet, nachdem bereits in der vorhergehenden Nacht zwischen den Gepiden und den Franken ein blutiger Zusammenstoß stattgefunden hatte. In Attilas Zentrum standen die Kerntruppen seines eigenen Volkes, während die beiden Flügel von den abhängigen Völkern gebildet wurden. Der Westgotenkönig Theoderid kommandierte den rechten Flügel der Römer. Er fiel; ein gotischer Amaler hatte den Speer geschleudert, der ihn tötete. Danach brach der älteste Königssohn Thorismund, der das linke Treffen anführte und dabei fast in Gefangenschaft geraten wäre, die Schlacht ab. Er hatte Eile, nach Toulouse zu kommen, um sich dort das Königtum zu sichern.

Damit war Attila, der schon an Selbstmord dachte, noch einmal gerettet. Die Hunnen mußten jedoch unter Zurücklassung vieler toter Krieger und eines Teils der Beute geschlagen in die Heimat zurückkehren. Dies konnte sich auf den Zusammenhalt ihres Reiches nur nachteilig auswirken; aber der Untergang war damit noch keineswegs besiegelt, obwohl eine Wiederholung eines derartigen Mißerfolgs gefährlich werden konnte. Die gotische Überlieferung beklagte die Tatsache, daß in der Hunnenschlacht Goten gegen Goten gekämpft hatten. Theoderich dem Großen (Frage 88) galt die Schlacht als *parricidium*, als Brudermord, den allerdings Attila erzwungen hatte.

Abb. 38: Siegel des
Westgotenkönigs
Alarich II., 484–507

100. Was bewirkte die Schlacht von Vouillé? Im Jahre 502 verein-
barten der Westgotenkönig Alarich II. (484–507) und der Frankenkönig Chlodwig I. (481–511) (Frage 90) einen dauerhaften Friedens-
schluß. Der Vertrag hielt ein halbes Jahrzehnt, dann mußte Theoderich
der Große (Frage 88) seinen Schwager Chlodwig zum Frieden mah-
nen und seinen Schwiegersohn Alarich vor jeder Provokation der
Franken warnen. Aber Chlodwig drang 507 mit burgundischer Unterstützung auf westgotisches Gebiet vor. Theoderichs Ostgoten waren für eine Intervention in Gallien nicht gerüstet, da byzantinische
Kriegsschiffe vor der apulischen Küste aufkreuzten und Landetrup-
pen absetzten. Alarich wußte um seine schwierige Lage; doch zwan-
gen ihn die Großen, in offener Feldschlacht Widerstand zu leisten.
Bei Vouillé, auf den vogladensischen Feldern in der Nähe von Poitiers
(Westfrankreich), stießen die beiden Heere im Spätsommer 507 unter
Führung ihrer Könige aufeinander. Die zahlenmäßig unterlegenen
Goten vermochten ihre Gegner nicht niederzureiten; die fränkischen
Fußkrieger waren einfach zu viele und zu stur, als daß sie sich von ei-

ner Blitzattacke mit verstellter Flucht (Fragen 96 und 98) und ähnlichen Manövern hätten beirren lassen. Alarich II. fiel, angeblich von
Chlodwig eigenhändig erschlagen. Der Untergang von König und
Heer besiegelte das Schicksal des Westgotenreiches von Toulouse;
doch die gotische Geschichte ging weiter. Die städtereiche südfran-
zösische Languedoc blieb noch mehr als 200 Jahre Teil des nach
Spanien verlagerten Gotenreiches, und die Franken hatten noch ein
Menschenalter zu tun, um das übrige Südgallien bis zu den Pyrenäen
in Besitz zu nehmen.

Ausblick

**101. Was kann die Germanenforschung heute lei-
sten?** Wie jede historische Wissenschaft zerstört
auch die aktuelle Germanenforschung die Mythen
der Ideologen in den Medien, Parteizentralen wie an den Stamm-
tischen. Arminius (Fragen 81 und 82) war kein Ur-Siegfried, und das
Rotkäppchen verkörperte nicht die reine deutsche Seele. Die Gleichsetzung von «germanisch» und «deutsch» geht zwar auf das 12. Jahrhundert zurück und ist deswegen doch falsch. Die Adoption vergangener Völker als «unsere» Vorfahren führt nämlich unweigerlich in
die Irre, weil sie das geschichtliche Werden je von einer bestimmten
Gegenwart her determiniert. Die moderne Germanenforschung hat
jedoch nicht bloß die Vermittlung des Germanenbildes verändert,
sondern auch den Gegenstand ganzer Disziplinen in Frage gestellt. So
ist vom einst stolzen Gebäude der Deutschen Rechtsgeschichte, sofern sie sich als Teil einer Germanischen Rechtsgeschichte verstand,
kaum etwas übriggeblieben. Das gleiche gilt von der germanischen
Religionsgeschichte, die auf die hochmittelalterliche skandinavische Überlieferung weitgehend verzichten muß, will sie ihren Gegenstand nicht verlieren. Was aber kann die nüchterne und ernüchternde
Germanenforschung heute anstelle der Verluste anbieten? Im Griechischen bedeuten sowohl Logos wie Mythos das Wort. Da aber der
Mythos ohne Telos (Ziel) ist und daher auch keinen Anfang kennt,
setzt jeder Schöpfungsmythos andere Ursprungsmythen voraus, und
diese beziehen sich wieder auf noch frühere Ursprünge. Vor Tuisto
(Frage 44), dem Erdgeborenen, gab es die Erde; doch wer schuf sie?
War sie ewig, wie manche Heiden glaubten? Aber wann hat wer diese

Ewigkeit in die Zeit gestellt und damit als menschliche Geschichte beginnen lassen? Vor den amalischen und baltischen gab es nicht-amalische und nichtbaltische Goten (Fragen 61 und 62), vor den Langobarden die Viniler (Fragen 47 und 77), und beide kamen nicht aus dem Nichts. Allein in der biblischen Genesis schuf Gott aus dem Nichts Himmel und Erde; und das war ein so revolutionärer Gedanke, daß noch der allerchristlichste Kaiser Karl der Große seine Hoftheologen fragte, ob das Nichts wirklich nichts sei und nicht doch wenigstens einen Rand besitze. So geschehen rund 700 Jahre, nachdem der Evangelist Johannes aufgrund seiner religiösen Überlieferung und eigenen Einsicht zum Schluß kam, daß die Geschichte ein Ziel und daher auch einen Anfang haben müsse. Sollte es das göttliche Wort sein, das über die Zeit, die «Taten der Menschen», entschied, konnte dies nur der Logos und nicht der Mythos sein. Das Wort als Mythos hat keinen Beginn und kein Ende und erschöpft sich in der «Ewigen Wiederkehr». Nur das Wort als Logos ist dagegen schöpferisch, weil von einem Anfang an auf ein Ziel gerichtet. Wie jede moderne Geschichtswissenschaft wird sich daher auch die Germanenforschung, ob sie es nun wahrhaben will oder nicht, diese Errungenschaft der jüdisch-christlichen Theologie zu eigen machen und «logisch», das heißt mit Hilfe der von der Aufklärung entwickelten Objektivation wissenschaftlich arbeiten müssen. Dies bedeutet zunächst die Unterscheidung zwischen «tun» und «sein», zwischen erkennendem Subjekt und erkanntem Objekt. So bilden die Völker und Stämme, die uns in diesem Buch begegnet sind, einen Teil unserer frühen Geschichte – und einen der frühen Geschichte unserer Nachbarvölker. Aber ihre Geschichte geht weder in unserer auf, noch können wir selbst uns so deuten, daß wir in ihrer ungebrochenen Tradition stehen. Geschichte, Gesellschaft und Kultur der Germanen bilden vielmehr eine gewesene *condition humaine*, eine vergangene menschliche Wirklichkeit, die uns als Alternative zu unserer eigenen Welt berührt, mit der wir uns aber nicht kurzschlüssig identifizieren dürfen. Über sie zu berichten, ist die Aufgabe des Historikers im allgemeinen und die der Germanenforschung im besonderen.

Literaturhinweise

Die im folgenden aufgelisteten Veröffentlichungen stellen eine rigorose Auswahl dar. Sie enthalten jedoch nicht bloß weitere Informationen, sondern können auch als Einstieg in die wissenschaftliche Beschäftigung mit dem Gegenstand dienen. Im besonderen seien auf die Enzyklopädien (Nr. 2 und 4) verwiesen, unter deren Schlagwörtern so gut wie alle in diesem Büchlein behandelten Themen zu finden sind. Die Quellensammlungen (Nr. 3) bieten nicht nur die Texte in den lateinisch-griechischen Originalsprachen und in deutscher Übersetzung, sondern auch vorzügliche Kommentare.

(1) Pohl, Walter: Die Germanen. Enzyklopädie Deutscher Geschichte 57 (Oldenbourg, München 2000).
(2) Prosopography of the Later Roman Empire (Edd. Arnold Hugh Martin Jones/John Robert Martindale/John Morris 1–3,1 und 2, Cambridge 1971/80/92).
(3) Quellensammlungen (zweisprachig):
    Altes Germanien: Auszüge aus den antiken Quellen über die Germanen und ihre Beziehungen zum römischen Reich (Hgg. Hans-Werner Goetz/ K. W. Welwei, Ausgewählte Quellen zur Geschichte des deutschen Mittelalters, 1a Darmstadt 1995). Griechische und lateinische Quellen zur Frühgeschichte Mitteleuropas (Hg. Joachim Herrmann, Schriften und Quellen der Alten Welt 37, 1–4, Berlin 1988/90/91/92).
(4) Reallexikon der Germanischen Altertumskunde 1–35 (Walter de Gruyter, Berlin/New York 1973–2007).
(5) Wolfram, Herwig: Die Germanen (C. H. Beck, München [8]2005).
(6) Ders.: Die Goten. Von den Anfängen zur Mitte des 6. Jahrhunderts. Entwurf einer historischen Ethnographie (C. H. Beck, München [4]2001).
(7) Ders.: Die Goten und ihre Geschichte (C. H. Beck, München [2]2005).
(8) Ders.: Das Reich und die Germanen (Siedler, Berlin [2]1992).
(9) Ders.: Gotische Studien. Volk und Herrschaft im Frühen Mittelalter (C. H. Beck, München [2]2005).
(10) Wolters, Reinhard: Die Römer in Germanien (C. H. Beck, München [5]2006)
(11) Ders.: Die Schlacht im Teutoburger Wald (C. H. Beck, München 2008)

Abbildungsnachweis

Folgende Abbildungen wurden Büchern entnommen:
Karl Reinhard Krierer, Antike Germanenbilder, Wien 2004: 8; Hans K. Schulze, Vom Reich der Franken zum Reich der Deutschen. Merowinger und Karolinger, Berlin 1987: 21; Herwig Wolfram, Das Reich und die Germanen. Zwischen Antike und Mittelalter, Berlin 1998: 22, 24 a–c, 25, 27

Die übrigen Abbildungen stammen aus den Archiven des Autors und des Verlages. Leider war es nicht in allen Fällen möglich, die Inhaber der Rechte zu ermitteln. Wir bitten deshalb gegebenenfalls um Mitteilung. Der Verlag ist bereit, berechtigte Ansprüche abzugelten.

Personenregister

Diokletian 81
Dionysius Exiguus 85
Domitian 26, 75
Donar 63
Düwel, Klaus 18

Edika 128
Egil 110
Ereleuva-Erelieva 130
Erka (Helche) 128
Ermanerich 36, 66, 87, 101
Eudocia 83
Eurich 50
Eusebia 130
Eusebius 69
Eutharich 131
Eutyches 72

Ferdinand I. 100
Fichtenau, Heinrich 48
Flavus 48, 56, 81, 118, 120, 141
Frea s. Frija
Frija (Frea) 65, 67
Fritigern 147 f.

Galla Placidia 83
Gallus Anonymus 28
Gaut-Géat 20, 87
Geiserich 104 f., 149
Gelimer 105 f.
Germanicus 46, 122, 140–143
Gregor I., der Große 42, 110 f.
Gundahar (Gunther) 106

Haarmann, Harald 14
Hathugaut-Hathagat 87
Haubrichs, Wolfgang 97
Heine, Heinrich 121
Hengist 65, 110 f.
Herkules 63
Hermann der Cherusker 121 f., 143
Herminafrid 130
Hieronymus 78
Hilderich 83
Homer 30
Honoria 83
Honorius I. 77, 82 f.
Horsa 65, 110
Hunerich 83
Hunulf 128

Ildico (Hildchen) 128
Inguomer 15, 36, 56, 118 f., 123, 142
Isidor von Sevilla 93
Isis 63
Italicus 48, 56, 81, 111

Johannes, Evangelist 153
Johannes I. 132
Jordanes 28, 126
Jupiter 63
Justinian I. 81, 100, 106, 147

Karl der Große 26, 67, 86, 113, 136,
    153
Kehne, Wolfgang 141
Kleist, Heinrich von 121
Klopstock, Friedrich Gottlob 120
Konrad II. 48, 107
Konstantin der Große 60, 81, 84 f., 149
Kraus, Karl 48

Leo der Große 102
Livius 26
Lübke, Christian 59
Lutter, Martin 120

Mannus 62
Marbod 15, 23 f., 36, 46, 49, 56 f., 111,
    118 f., 123 f., 143
Marc Aurel 34, 52, 144 f.
Marius 96
Mars (Tiwaz?) 63, 66
Martin von Tours 107, 135
Matasuintha 131
Matthaeus, Evangelist 73
Maximilian I. 107
Meduna 30
Merkur s. Wodan
Merowech 90 f.
Minotaurus 91
Montesquieu 49
Mundzuc 127 f.

Napoleon 91, 136
Narses 98, 112
Nepos 128 f.
Neptun 91
Nerthus 63

Wolters, Reinhard 141
Wulfila 18, 29, 35, 37, 68–74, 100

Zenon 130 f.
Ziu s. Tiu

Register der geographischen Begriffe

Adria 17
Adrianopel 101, 138, 146–149
Afrika 78, 85, 103 f.
Alexandrien 110
Alföld 101
Algerien 114
Alpen 136
Antiochia 70
Apulische Küste 151
Aquae Sextiae (Aix-en-Provence) 96
Aquitanien 134
Arcos de la Frontera 98
Arles 31
Asien 101
Asowsches Meer 43
Äthiopien 45
Augsburg (Ciesburg, Burg des Tiu) 63
Austrasien 107, 136

Bad Godesberg 63
Baden-Württemberg 75
Balkan(halbinsel) 85, 98
Bayern 18
Belgica 17
Besançon 117
Böhmen (Čechy), Boi(o)haemum 24 f.,
    28, 112, 123 f.
Bornholm (Burgendiland,
    Burgundarholm) 19
Breslau 121
Britannien, Britische Inseln 22 f., 63,
    65 f., 80, 109 f.
Bruttium 79
Bulgarien 70, 72, 125
Burgund(erreich) 106 f., 134
Buzău, Fluß 79
Byzanz 60, 85, 112 f., 136

Campus Idistaviso 143
Canterbury 111
Carlisle 110
Châlons-sur-Marne 150

Cividale s. Friaul
Colonia Agrippinensis (Köln) 15
Consentia-Cosenza 79, 125
Cumae 75

Dakien s. Siebenbürgen
Dalmatien 125
Dänemark 14, 69, 110
Detmold 121 f., 143
Deutschland 16, 44, 62, 75, 110, 120, 141
Dnestr, Fluß 98
Don, Fluß 94, 101
Donau 16 f., 34, 44, 67, 69, 72, 75, 87 f.,
    94 f., 97–99, 101, 111 f., 124 f., 128 f.,
    131, 142, 144 f., 149
Donauprovinzen 30
Drau, Fluß 95

Ebro, Fluß 95 f.
Edirne s. Adrianopel 147
Elbe 15, 44, 46, 63, 97, 103, 109, 112, 114,
    118, 123 f., 141, 143, 145
Ems, Fluß 118, 139
England 58, 111
Enns, Fluß 109
Europa 22 f., 95, 100 f., 109, 147
Eutin 64

Franken, deutsche Landschaft 106, 123,
    143
Frankenreich 33, 51, 67, 69, 75, 98, 106 f.,
    109 f., 136, 151
Frankreich 51
Friaul (Herzogtum von Cividale) 47
Friesland 111
Frigidus, Vipava, Fluß 125, 149

Gallia, Gallien 13, 17, 25 f., 30, 50, 85,
    95 f., 103, 109, 111, 117, 123, 134, 138,
    145, 149, 150–152
Genfer See 106
Germani cisrhenani 13 f.

Germania 11, 16 f., 66, 108 f., 114, 143
Germania inferior 15 f.
Germania libera 15 f.
Germania magna 15 f., 25, 97
Germania maritima 15 f.
Germania superior 15, 76
Germanien 16, 26, 46, 75, 111, 114, 119 f., 141, 143
Gotenland, Gothia 69 f., 72
Gotenreich 31, 50 f., 60, 152
Gotland 19 f., 99
Götland 99
Griechenland 65, 125
Grotenburg 143

Habsburgerreich 107
Hardsyssel 19
Harz 139
Herkynischer (Böhmer) Wald 97, 123
Hessen 25, 75
Hunnenreich 30, 43, 101 f., 128

Iberische Halbinsel 98
Imperium Romanum 50, 86 f., 138
Inn, Fluß 149
Irland 22, 61
Italien 32, 46, 50, 75, 79, 83, 85, 96, 98, 100, 102, 109, 113, 128–131

Jerusalem 78
Jütland 20, 43 f., 95

Kalkriese 139, 141
Kampanien 79
Kanalküste 109
Kappadokien 69
Karolingerreich 86
Karpatenbecken 30
Karthago 105, 149
Kaspisches Meer 20
Katalaunische (Mauriacensiche) Felder 102, 138, 149 f.
Kelheim 75
Kent 110
Kirchheim am Neckar 42
Köln s. Colonia Agrippinensis 108
Konstantinopel 69, 70 f., 85, 100, 105, 129, 131 f., 136
Krim 67, 98, 100

Langobardenreich 112
Languedoc 152
Ligurien 47
Lipara 132
Lippe, Fluß 118, 139
Loire, Fluß 96
Lombardei 113

Magetobriga 117
Mähren 25, 112
Mailand 102, 113
Main, Fluß 44, 95
Mainz (Mogontiacum) 15, 103, 108
Makedonien 124, 131
March (Marus, Morava), Fluß 25, 44, 111
Markommanis 123
Markomannenreich, Marbodreich 118, 124
Messina 79
Mitteleuropa 95
Mittelmeerküste 104
Moldau, Fluß 24
Monza 60
Mösien 70, 72
Mühlhaus (Mulhouse) 118
Musaeus-Buzau 53
Mušov (Muschau) 45, 144

Neapel 79
Nedao, Fluß 102
Neustrien 107
Newcastle 109
Niederdollendorf, Königswinter 68
Niederösterreich 112
Niederrhein 107, 109
Nikaia 71, 100
Nikopolis (Stari Nikub) 70
Nordsee 23
Noreia 95
Norikum 124
Norwegen 14, 69
Novae (Svistov) 131

Oberitalien 67, 113
Oberrhein 97, 109
Oder, Fluß 102, 106
Orléans 135
Osnabrücker Land 139
Osterby 36 f.